만병의 의사가 되시고
만병의 치료자가 되시는

성령
하나님

만병의 의사가 되시고
만병의 치료자가 되시는

성령 하나님

저자 성령 하나님 | 송 글로리아 지음

아마존북스

만병의 의사가 되시고
만병의 치료자가 되시는 성령 하나님

초판 1쇄 인쇄 ∣ 2020년 05월 28일
초판 1쇄 발행 ∣ 2020년 06월 05일

지은이 ∣ 송 글로리아
펴낸이 ∣ 최화숙
편집인 ∣ 유창언
펴낸곳 ∣ 아마존북스

등록번호 ∣ 제1994-000059호
출판등록 ∣ 1994. 06. 09

주소 ∣ 서울시 성미산로2길 33(서교동) 202호
전화 ∣ 02)335-7353~4
팩스 ∣ 02)325-4305
이메일 ∣ pub95@hanmail.net ∣ pub95@naver.com

벧전 2:24 친히 나무에 달려 그 몸으로 우리의 죄를 담당하셨으니
이는 우리로 죄에 대하여 죽고 의에 대하여 살게 하려 하심이라

하나님은 태초에 천지 만물을 창조하시고 인간을 창조하신 전지 전능하신 살아계신 신이시다. 성경은 인간의 이해를 초월하는 신비로 가득 찼다. 오직 성경만이 인간을 이 깊고 깊은 죄악의 수렁에서 건져내고 영원한 생명을 주실 수 있는 것이다.

예수 그리스도의 십자가 피흘림이 있는 곳에만 구원이 있고 영생이 있다. 따라서 인간은 하나님을 떠나서는 이 세상 어느 곳에서도 행복과 평안을, 자유를 찾을 수 없다. 오직 예수 그리스도만이 인생의 영원한 길이요 진리요 생명이요 부활이요 영생이시다.

머리말

    천지와 만물을 창조하신 하나님의 뜻과 계획은 오직 영혼 구원이다. 이 세상은 애굽이요 죄요 세상이며 영적 싸움터다.

    하나님 나라와 마귀와의 전쟁터다. 그러나 십자가의 권세로 마귀 나라는 무너지고 멸절되게 되어 있다. 따라서 하나님 나라는 살아 있는 생명이며 진리이며 영원한 나라다.

    그러나 아담과 하와의 범죄로 인해 창세로부터 지금까지 온 세상은 선악과의 싸움터다. 이 세상을 살아가고 있는 모든 사람은 선악과의 기로에 서 있다. 그러나 선악과를 따먹는 순간 죄가 들어온다.

    인생에는 영원한 두 길이 있다. 영원히 사는 길과 영원히 멸망당하는 길이다. 순종이냐 불순종이냐 선악과를 따먹을 것인가 먹지 않을 것인가! 지금 내 앞에 놓여 있는 홍해를 건널 것인가! 애굽에 머물러 있을 것인가! 온 세상은 죄악으로 인해 깊고 깊은 영적 감옥에 갇혀 있다. 이 깊은 죄악의 감옥에서 누가 나를 건져 줄 수 있을까? 이것은 예수 그리스도 십자가 보혈의 공로만이 나를 건져 줄 수 있다. 십자가

만이 깊은 홍해 바다를 건널 수 있는 것이다. 내 힘으로는 이 세상의
죄악을 이길 수 없다. 오직 십자가 보혈만이 이 세상의 죄악을 이길
수 있다.

요 14:6　예수 그리스도만이 우리의 길이요 진리요 생명이요 부활되시기
　　　　때문이다.

　하나님 나라는 무한하고 광대하다.
　하나님 나라는 통치와 다스림이다.
　창조와 생명 무한한 가능성이 있다.
　모든 사람들에게 행복과 저주는 바로 눈앞에 놓여 있다(신 30:15).
그러나 죄로 인해 영이 죽어 있으므로 바로 눈앞에 놓여 있는 어마어
마한 축복을 볼 수 없다. 예수님을 믿는 사람일지라도 영적으로 죽어
있으면 아무리 좋은 축복이 눈앞에 산처럼 쌓여 있을지라도 보지 못
한다. 영적으로 깨어서 주님 뜻대로 살며 주님 안에 거한 자에게는 이
모든 축복이 다 보이게 된다. 영의 세계는 무한하고 광대하며 신비의
세계이다. 영적으로 눈을 뜨게 되면 이 모든 것이 저절로 보여지게 되
고 깨달아진다. 성경은 다 성령의 감동으로 쓰여졌다. 천지와 만물을
창조하신 하나님도 예수님도 성령님도 다 영의 하나님이시다. 그러
므로 영적으로만 말씀을 깨달을 수 있다. 예수님께서도 영적으로 눈
뜨지 못한 서기관과 바리새인을 보고 소경이라고 질타하신 것이다(마
23:16~26).
　나는 신학교를 나오지 않았다. 어느 날 신학교에 입학을 하기 위해

버스를 타고 가는데 성령님께서 나에게 큰소리로 나는 어떤 직분이나 유명한 타이틀을 원하지 않는다. 나는 오직 깨끗한 그릇을 원한다. 너는 깨끗한가! 너는 깨끗한 그릇인가! 하며 세 번을 말씀하셨다. 신학교를 가는 것도 전적으로 성령님의 주권이시며 명령이시다. 나는 아무것도 내 뜻대로 할 수 없다. 오직 하나님 말씀에 순종만 할 뿐이다. 보혜사 성령님께서 거룩한 영으로 나를 가르치시며 다스리시며 인도해 가신다. 따라서 하나님의 일은 하나님의 영으로만 할 수 있는 것이지 세상의 논리나 이론이나 학문이나 세상 지식으로 할 수 없다는 것을 알게 되었다. 내가 세상 사람과 조금 다른 점이 있다면 10년 전에 나를 골방으로 들인 후 성령 하나님으로부터 일대일의 성경 공부를 가르쳐 주신 것과 하루 10시간의 기도를 드리게 한 것이다. 나는 세상 사람들의 기준으로 볼 때 아무 보잘 것도 없고 초라하고 내보일 것도 없는 사람이다. 그러나 우리 하나님 아버지는 전능하신 참 좋으신 아버지시다. 그 은혜를 무엇으로도 갚을 길이 없다. 만왕의 왕이시며 천지 만물을 창조하신 예수님께서는 한 영혼을 천하보다 귀하게 여기시며 사랑하셔서 지금도 구원의 문을 활짝 열어 놓으시고 하나님의 자녀들이 빨리 돌아오기만을 학수고대하며 기다리고 계신다.

10년 전 나를 골방으로 들이신 주님께서는 나의 영을 열어주셨고 내가 그동안 알지 못하고 깨닫지 못한 성경 말씀과 모든 것들을 세세하게 가르쳐 주셨고 알게 해주었다.

성경 말씀을 통하여 한 영혼이 천하보다 귀하다는 것을 깨닫게 하셨고 천국을 보여 주셨으며 꿈으로 환상으로 지옥을 많이 보여 주셨다. 그리고 10년 전 골방 기도를 시작한 때부터 지금까지 이 땅에서 죄같이 무서운 것이 없다는 것을 깨닫게 하셨고 알게 하셨다. 사람이 이 땅에서는 100년을 살고 120년을 산다고 해도 너무나 짧고 짧은 인생임을 알게 해주셨다.

약 4:14   내일 일을 너희가 알지 못하는도다. 너희 생명이 무엇이냐 너희는 잠깐 보이다가 없어지는 안개니라.

벧전 1:24   모든 육체는 풀과 같고 그 모든 영광은 풀의 꽃과 같으니 풀은 마르고 꽃은 떨어지되 오직 주의 말씀은 세세토록 있도다.

그러므로 이 땅에서 가장 성공한 사람이란 죄짓지 않고 오직 마음을 다하고 목숨을 다하고 뜻을 다하여 하나님을 사랑하고 경외하며 순종하는 사람임을 깊이 깨닫고 알게 하셨다. 이 땅에서 죄짓고 살 바에야 차라리 태어나지 않은 것이 훨씬 낫다는 것을 뼈저리게 느끼게 된 것은 저 무서운 지옥을 보고 나서였다.

이 세상 어느 곳에도 지옥같이 무서운 곳은 없다. 이 땅에서는 분명히 죽어서 화장이나 매장되었는데 지옥에서는 여전히 살아서 온갖 고통과 괴로움을 영원토록 당하는 모습을 말로 다 표현할 수 없다.

히 9:27   한 번 죽는 것은 사람에게 정하신 것이요 그 후에는 심판이 있으리니.

예수님을 믿고 구원을 받은 사람들은 참으로 어마어마한 권세를 부여받고 특권을 가진 축복받은 사람이라고 할 수 있다. 그러나 하나님의 백성이고 자녀이면서도 많은 사람들이 이 신분을 누리지 못하고 마귀 사단에게 속아 여전히 좌절과 낭패의 삶을 사는 것을 볼 수 있다.

벧전 2:9 오직 너희는 택하신 족속이요 왕 같은 제사장들이요 거룩한 나라요 그의 소유된 백성이니 이는 너희를 어두운 데서 불러내어 그의 기이한 빛에 들어가게 하신 이의 아름다운 덕을 선전하게 하려 하심이라.

하나님 자녀된 신분을 가진 사람은 날마다 초자연적인 기적을 체험하며 복되고 승리하며 형통한 삶을 살 수 있는 것이다.

하나님 아버지께서는 하나님의 자녀들이 이 땅에서 영혼이 잘됨 같이 범사에 잘되고 강건한 삶을 살기를 원하신다. 아무도 질병으로 고통당하는 것을 원치 않으신다. 그러나 어떤 사람의 경우 너무 세상 길로 죄악의 길로 빠지게 되므로 그들을 건져 주시기 위하여 질병을 허락하시기도 한다. 예수님께서 이 땅에 계셨을 때에 대부분의 시간을 병자를 고쳐 주셨고 귀신을 쫓아내고 약한 사람 가난한 사람들을 불쌍히 여겨 주셨고 그들과 늘 친구가 되어 주셨다. 예수님을 믿는 사람에게 기적은 당연한 것이다. 하나님 아버지께서는 날마다 시마다 우리를 돌보시고 우리의 모든 필요를 다 아시고 채워주신다. 사람에게는 태산 같은 문제일지라도 주님께는 아무런 문제가 되지 않는다. 주님은 못 고칠 질병이 하나도 없으시다. 병원에서 얼마 살지 못한다고 사형 선고를 받았어도 주님은 얼마든지 살릴 수 있다. 주님은 죽은 자도 살리신다. 이 세상 최고의 과학의 힘으로 할 수 없는 것도 주님은 하실 수 있다. 최고의 의학과 의술로 하지 못하는 것도 주님 손에 올려놓으면 주님은 다 하신다. 그러므로 주님을 전폭적으로 믿는 믿음이 중요하다. 주님께서도 사역하실 때에 항상 믿음을 보시고 역사해 주셨다.

막 9:23　예수께서 이르시되 할 수 있거든이 무슨 말이냐 믿는 자에게는 능치 못할 일이 없느니라 하시니.

　많은 사람들이 질병에 걸려 고생하는 것은 믿지 않기 때문이다. 천지와 만물을 창조하신 창조주 예수님께서 채찍에 맞으신 것은 우리의 모든 질병을 고쳐 주시기 위한 것이다. 그러나 사람들은 이 말씀을 믿지 않는다. 병원을 더 의지하고 의사의 말을 더 신뢰한다. 병원이 잘못되었다는 것은 아니다. 그러나 믿음이 있는 사람들은 믿음으로 질병을 얼마든지 치유받고 건강하게 잘 살 수 있다.
　나는 지금까지 주위에서 안타까운 일들을 많이 보았다. 하나님을 의지하고 주님께 나아가면 얼마든지 치유받고 몇십 년은 더 잘 살 수 있는데 말씀을 믿지 않고 병원과 의사의 말만 믿고 병원을 자주 들락거리며 입원하더니 얼마 못 가 세상을 떠나는 것을 보았다. 천지 만물을 창조하시고 우리를 하나님의 형상대로 창조하신 하나님께서는 우리의 모든 체질을 아시며 어디가 잘못되었는지 어떻게 치료해야 할지 다 알고 계신다. 하나님은 지금 이 시간도 초월적인 방법으로 질병을 고쳐 주신다. 성령님께서는 만병의 의사가 되시며 만병을 치료하시는 전지전능하신 신이시다. 어제나 오늘이나 영원토록 살아계신 하나님을 나의 마음속에 나의 삶 속에 주인으로 모시고 살아 끝까지 승리하는 모든 성도님이 되기를 소망하는 바이다.

롬 8:6   육신의 생각은 사망이요 영의 생각은 생명과 평안이니라.

이 땅에서 단 한 번밖에 살 수 없는 인생은 참으로 귀하고 소중한 삶이다. 천국과 지옥은 이 땅에서만 선택할 수 있으며 기회는 단 한 번밖에 없다. 죄와 사망과 지옥은 함께 가는 것이기에 죄만큼 무서운 것이 없다는 것을 너무나도 뼈저리게 깨닫게 되면서 죄와 지옥이 그만큼 무섭다는 것을 천만 번이라도 외쳐대고 싶은 마음이다. 지옥에 떨어져 지옥 사자들에게 온갖 고문을 당하며 괴로움을 당하고 있는 사람들은 지옥에서 빠져나갈 수 있기를 원하고 소원하지만 한 번 지옥에 떨어진 이상 절대로 빠져나올 수 있는 문은 없고 피할래야 피할 수 있는 곳도 없으며 잠시라도 숨어 보고 싶으나 그 어느 곳에도 숨을 곳이 없으며 1분이라도 쉴 곳도 없다. 온몸은 포승줄에 꽁꽁 묶여 있으므로 내 마음대로 할 수 있는 자유란 아예 없는 곳이다. 어디 한 군데 호소할 수 있는 곳도 없다. 이 땅에서 그러한 고문을 당하게 된다면 바로 그 자리에서 숨이 끊어지고 죽을 수밖에 없는데 지옥의 고통은 끝도 없이 계속 되어진다. 너무 괴롭고 고통스러워 차라리 죽여달라고 지옥 사자들에게 말하지만 지옥 사자들이 그러한 소원을 들어줄 리가 없으며 아무리 죽고 싶어도 영원토록 죽음 없는 곳이 지옥이다.

사랑이 많으신 하나님 아버지께서는 인생들이 이 땅에서 죄짓고 살다가 무서운 지옥에 떨어져서 당할 수밖에 없는 고통을 불쌍히 보시고 예수님을 이 땅에 보내 주신 것이다. 그러므로 모든 사람들은 회개하고 죄사함받고 구원받아 반드시 천국을 가야만 한다.

이 세상 모든 종교는 사람들이 만들어 놓은 허수아비에 불과할 뿐이다. 사람들이 만들어 놓은 종교는 헛되고 헛되며 헛된 것뿐이다.

행 4:12   다른 이로서는 구원을 받을 수 없나니 천하 인간에 구원을 받을 만한 다른 이름을 우리에게 주신 일이 없음이니라 하였더라.

요 14:6   예수께서 이르시되 내가 곧 길이요 진리요 생명이니 나로 말미암지 않고는 아버지께로 올 자가 없느니라.

하나님 아버지께서는 지금 이 시간에도 모든 사람들이 다 회개하고 예수님께 돌아오기만을 간절히 기다리고 계신다. 하나님 아버지께서는 우리의 형편과 모든 사정을 다 알고 계신다. 하나님 아버지께서는 우리의 태산 같은 문제와 환경을 다 알고 계시며 그것을 해결해 주시고 싶어 하신다. 모든 질병을 다 아시며 치료해 주시고 고쳐 주시기를 원하신다. 문제는 나의 믿음이 문제인 것이다. 주님께서는 우리의 영혼과 육을 다 고쳐 주시기를, 깨끗하게 하여 주기를 원하신다. 그리고 우리가 이 땅에서 주님 안에서 영혼이 잘됨같이 범사에 잘되며 강건한 삶을 살아가기를 바라신다.

엡 1:3-6 찬송하리로다 하나님 곧 우리 주 예수 그리스도의 아버지께서
그리스도 안에서 하늘에 속한 모든 신령한 복을 우리에게 주시
되 곧 창세 전에 그리스도 안에서 우리를 택하사 우리로 사랑 안
에서 그 앞에 거룩하고 흠이 없게 하시려고 그 기쁘신 뜻대로 우
리를 예정하사 예수 그리스도로 말미암아 자기의 아들들이 되게
하셨으니 이는 그가 사랑하시는 자 안에서 우리에게 거저 주시
는 바 그의 은혜의 영광을 찬송하게 하려는 것이라.

CONTENTS

CHAPTER 7
주님께서 나타나셔서 말씀하시다

CHAPTER 8
하나님 믿지 않는 것이 죄이다

막 1:40-42

한 나병 환자가 예수께 와서 꿇어 엎드려 간구하며 이르되 원하시면 저를 깨끗하게 하실 수 있나이다. 예수께서 불쌍히 여기사 손을 내밀어 그에게 대시며 이르시되 내가 원하노니 깨끗함을 받으라 하시니 곧 나병이 그 사람에게서 떠나가고 깨끗하여진지라.

1

완벽하게
치유하시는
하나님

인생에는 영원한 두 길이 있다.
예수님을 믿어 생명으로 사는 영원한 길이 있다.
또 우상을 섬기며 마귀를 따라가는 영원한 멸망의 지옥이 있다.

십자가

태초에 천지와 만물을 창조하신 하나님이신 예수님께서는 온 인류의 죄를 짊어지시고 십자가에서 처참하고 참혹한 죽음을 당하셨다.

최초 인간 아담과 하와가 에덴동산에서 하나님의 법을 어기고 선악과를 따 먹음으로써 온 인류에게 죄가 들어오게 되었고 온 인류는 죄로 인해 영원히 사망과 멸망을 당하게 되었다.

마 1:21 아들을 낳으리니 이름을 예수라 하라 이는 그가 자기 백성을 그들의 죄에서 구원할 자이심이라 하니라.

누가 나를 이 깊고 깊은 사망의 음침한 골짜기에서 구원해 줄 수 있을까. 온 인류의 죄의 문제를 해결하기 위해서는 누군가 죽어야만 하는 것이다. 죽음으로서만 죄의 문제가 해결되기 때문이다. 그래서 하나님 아버지께서는 죄 없으신 독생자 예수님을 이 땅에 보내 주심으로 온 인류의 죄를 다 담당하게 하셨고 독생자 예수님께서는 온 인류의 죄를 다 속량해 주시기 위해서 십자가에서 그처럼 참혹한 고통을 당하시고 돌아가셨다. 십자가에서 원수 마귀 머리를 깨뜨리시고 온 인류를 죄와 사망 멸망 지옥의 형벌에서 건져 주신 것이다.

요 6:38 내가 하늘에서 내려온 것은 내 뜻을 행하려 함이 아니요 나를 보내신 이의 뜻을 행하려 함이니라.

세계에 76억의 인구가 살고 있다고 한다. 그러나 그중 단 한 사람이라도 예수님을 믿지 않으면 구원받을 수 없다. 오직 참 하나님이신 예수 그리스도만이 구원의 문이 되시기 때문이다. 오직 예수 그리스도만이 천국에 들어갈 수 있는 문이며 이 우주 가운데서 구원받을 수 있는 영생의 길이다.

요 10:9~10 내가 문이니 누구든지 나로 말미암아 들어가면 구원을 받고 또는 들어가며 나오며 꼴을 얻으리라. 도둑이 오는 것은 도둑질하고 죽이고 멸망시키려는 것뿐이요. 내가 온 것은 양으로 생명을 얻게 하고 더 풍성히 얻게 하려는 것이라.

하나님 아버지께서는 이 지구 안에 살고 있는 모든 인류가 한 사람도 빠짐없이 다 구원받고 영생을 얻을 수 있도록 구원의 문을 활짝 열어 놓으셨다. 수많은 사람이 복음을 듣고도 구원의 문으로 들어가지 않고 스스로 멸망을 자처하며 죄악의 길로 사망의 길로 빠져들어 가고 있다. 이 사망의 길은 한 번 들어가게 되면 영원토록 세세 무궁토록 나올 수 없는 곳이며 지옥이며 온갖 고통과 괴로움만 받는 곳이다.

현세대를 살아가고 있는 사람들이 죄짓는 것을 너무 가볍게 여기는 것은 큰 문제가 아닐 수 없다. 죄같이 무섭고 두려운 것이 없는데도 말이다. 사람이 죽는 것도 죄 때문에 죽는 것이다. 사람이 무서워할 대상은 핵무기나 원자폭탄이나 지진이 일어나는 것이나 총, 칼이나 이런 물리적인 것이 아니다. 정말로 사람이 무서워할 대상은 죄인 것이다. 죄 때문에 사망이 오고 멸망당하기 때문이다.

요일 3:8~9　죄를 짓는 자는 마귀에게 속하나니 마귀는 처음부터 범죄함이라 하나님의 아들이 나타나신 것은 마귀의 일을 멸하려 하심이라 하나님께로부터 난 자마다 죄를 짓지 아니하나니 이는 하나님의 씨가 그의 속에 거함이요 그도 범죄하지 못하는 것은 하나님께로부터 났음이라.

죄 문제는 인간의 힘이나 노력으로 될 수 없는 것이므로 오직 예수님의 십자가 피 흘림으로서만 죄사함을 받을 수 있고 구원받을 수 있다. 성경 말씀을 알지 못하는 세상 사람들은 말할 것도 없고 교회를 다니고 있는 사람들도 죄를 지으면서 아무렇지도 않게 여기는 것은 하나님의 법을 무시하는 것이다. 최초의 인간인 아담과 하와가 하나님의 법을, 명령을 어기고 무시했기 때문에 죄와 사망과 저주를 받게 되었고 오늘날까지 마귀 사탄과의 전쟁이 끊임없이 전개되고 있다. 그리고 사람들이 그렇게 죄를 지으면서도 양심에 가책을 크게 느끼지 않는 것은 하나님을 잘 모르기 때문이다. 하나님은 무조건 용서하시고 사랑의 하나님으로만 알고 있다. 물론 하나님은 용서하시고 사랑의 하나님이시다.

그러나 하나님은 공의의 하나님이시고 심판의 하나님이시다. 만약 하나님이 공의가 없으시다면 하나님이 되실 수 없는 것이다. 그래서 하나님은 사랑이시며 공의로우시며 심판의 하나님이 되신다. 만약 하나님이 사랑의 하나님만 되시고 공의와 심판의 하나님이 되지 않으신다면 이 세상은 혼란과 혼돈과 무질서로 무법천지가 될 것이다. 많은 사람이 공의로우시고 심판하시는 하나님은 모르고 무조건 용서하시고 사랑하시는 하나님으로 알고 있기 때문에 아무렇지도 않게 죄를 짓고 산다.

시 9:8   공의로 세계를 심판하심이여 정직으로 만민에게 판결을 내리시리로다.

태초에 천지 만물을 창조하신 하나님 아들이신 예수 그리스도께서는 이 땅에 계셨을 때 가는 곳마다 귀신을 쫓아내시고 병든 자를 고치시며 죽은 자를 살리시며 물 위를 걸으시며 물고기 두 마리와 보리 떡 5개로 5천 명을 먹이시고 날마다 수많은 이적과 기사를, 표적을, 기적을 행하시고 보여 주셨다. 살아계신 하나님이신 예수님께서는 그 험하고 힘든 십자가를 말씀 한 마디면 얼마든지 안 지실 수도 있고 로마 병정들을 단숨에 전멸시킬 수도 있는 전지전능하신 살아계신 신이시다.

그러나 하나님의 공의를 이루시기 위해서는 반드시 십자가를 지셔야만 했고 온 인류의 죄를 속량해 주시기 위해서 십자가에서 몸이 갈 기갈기 찢어지는 고통을 당하셔야만 했다. 피 흘려주심으로 온 인류 를 죄와 사망 멸망 지옥에서 건져 주셨다. 그러므로 구원은 오직 예수 님의 십자가 피 흘림이 있는 곳에만 있다. 그래서 천지 만물 우주 가 운데 사는 모든 만물과 마귀 사탄은 예수님 앞에서 무릎을 꿇고 굴복 해야만 하는 것이다.

그래서 사람은 죄짓고 살아서는 안 된다. 죄는 불법이다. 죄는 하 나님과 원수가 되는 것이다. 죄는 하나님의 법을 어기는 행위이다. 하 나님의 법대로 살지 않으면 영원히 멸망당하게 되어 있다. 사람이 죄 를 짓고 살아서는 안 되는 이유는 죄가 들어오게 되면 마귀가 합법적 으로 내 속에 들어와 내 안에서 죄의 왕 노릇을 하며 나를 죄의 종으 로 노리갯감으로 부려 먹으면서 온갖 고통과 괴로움을 주며 잠시도 평안하지 못하게 한다.

항상 불안하고 초조하게 하며 낙망하고 실패하게 하며 적막하고 허무하고 공허하게 하며 끝내 목숨까지 빼앗아 지옥으로 멸망으로 끌 고 가기 때문이다. 죄를 짓는 것은 마귀 사탄에게 문을 열어 주는 것 이며 독을 마시는 것과 같으며 사슴이나 말이 사자에게 걸려 먹잇감 이 되는 것과 같다.

구원과 생명

　　　　　　　성경의 저자는 성령 하나님이시고
성경 66권은 모두 생명과 구원과 영생을 얻기 위해 기록된 책이다.
또 창세기부터 요한계시록까지는 모두 구세주이신 예수 그리스도에
대해서 기록되어졌다. 누구든지 예수님을 믿으면 구원을 받고 영생을
얻는다고 쓰여 있다. 성경 66권 중에서 핵심이 되는 말씀은 누구나
쉽게 알아들을 수 있도록 기록된 요한복음 3장 16절과 요한복음 14
장 6절 말씀이다.

요 3:16 　하나님이 세상을 이처럼 사랑하사 독생자를 주셨으니 이는 그를
　　　　　믿는 자마다 멸망하지 않고 영생을 얻게 하려 하심이라.
요 14:6 　예수께서 이르시되 내가 곧 길이요 진리요 생명이니 나로 말미
　　　　　암지 않고는 아버지께로 올 자가 없느니라.

　　태초에 천지 만물을 창조하신 하나님 아버지께서는 온 세상 사람

들이 한 사람도 멸망하지 않고 모두가 예수님을 믿어 구원받고 영생을 얻기 바라시는 것이다.

요 6:47   진실로 진실로 너희에게 이르노니 믿는 자는 영생을 가졌나니 내가 곧 생명의 떡이니라.

태초에 천지 만물을 창조하신 하나님이신 예수 그리스도께서 온 세상을 구원하시고 생명을 주시기 위해서 이 땅에 내려오셨는데 세상 사람들의 영이 죽어 있고 영적인 눈이 어두워 하나님을 알지 못하고 멸망해 가고 있다. 세상 사람들은 영의 눈이 어두워서 하나님을 모른다고 하지만 교회를 수십 년 다닌 사람들도 종교 생활에 머무르며 형식적으로만 믿는 것이 되므로 예수님을 믿는 사람은 극히 드물다. 교회에 등록만 해놓고 다닌다고 해서 무조건 구원받을 수 있는 것은 아니다. 구원받기 위해서는 예수님을 믿어야 하는 것이다. 그냥 교회를 다니는 것하고 예수님을 믿고 다니는 것하고는 차원이 다르다. 내가 예수님을 믿고 구원을 받았다고 하는 확실한 증거는 내가 예수님 안에 예수님께서 내 안에 내주하시므로 신비한 연합이 이루어지게 된다.

예수님을 믿고 구원을 받은 증거는 이것이니 곧 옛사람이 죽고 하늘나라의 사람으로 새 생명으로 태어나는 것이다. 하늘나라의 사람으로서 새 생명으로 태어난 사람은 이제부터 하늘나라의 법칙을 따라 살게 되어 있다. 지금까지 살아왔던 세상적이고 육신적이고 정욕적이고 마귀적인 모든 것을 벗어 버리고 하늘나라의 백성으로 날마다 아름답고 좋은 생명의 열매를 맺으면서 주님 안에서 주님과 함께 살아가는 것이다.

요 15:6   사람이 내 안에 거하지 아니하면 가지처럼 밖에 버려져 마르나
         니 사람들이 그것을 모아다가 불에 던져 사르느니라.

　안 믿는 사람들은 말할 것도 없고 개중에 교회를 다니고 있는 사람들이 왜 그렇게 못된 짓을 하고 죄를 짓고 세상 사람들에게 손가락질 당하며 사는가 하면 이런 사람들은 다만 교회를 다니고 있는 것뿐이지 예수님을 믿고 구원을 받은 사람은 아니다. 예수님을 믿고 구원을 받은 사람은 그렇게 살지 않으며 그렇게 살 수도 없다.

요일 3:8~9   죄를 짓는 자는 마귀에게 속하나니 마귀는 처음부터 범죄함
            이라 하나님의 아들이 나타나신 것은 마귀의 일을 멸하려 하
            심이라 하나님께로부터 난 자마다 죄를 짓지 아니하나니 이
            는 하나님의 씨가 그의 속에 거함이요 그도 범죄하지 못하는
            것은 하나님께로부터 났음이라

　가끔 교회를 다니고 있는 기독교인들이 자살하는 것을 보게 된다. 어떤 사람은 수많은 사람이 모인 장소에 나와 자기는 기독교인이라며 간증을 하고 찬양을 하였다. 그러나 얼마 후 그 사람은 스스로 목숨을 끊었다. 교회를 다니는데 자살을 하는 사람은 예수님을 믿은 사람이 아니다. 예수님을 믿고 내 안에 예수님 생명이 있다면 그렇게 마귀에게 속아서 내 생명을 빼앗기지 않는다.

자살하는 사람은 마귀의 꼬임에 속아 목숨을 빼앗기고 지옥으로 가는 것이다. 예수님을 믿고 구원받은 사람은 어떠한 어려움이나 시험이 닥쳐도 절대로 자살하지 않으며 할 수도 없다. 예수님의 생명이 내 안에 있을 때 마귀는 무서워서 접근도 하지 못할뿐더러 더더욱 생명은 넘볼 수도 없다. 그래서 예수님을 믿고 구원받는 것은 중요하고도 급한 것이다.

예수님을 믿고 구원을 받는 것이 왜 그렇게 중요하고 급한 일인가 하면 예수님의 생명이 내 안에 계시므로 첫째는 원수인 마귀 사탄이 무서워서 내 옆에 얼씬도 하지 못한다. 질병도 내 몸에 함부로 들어오지 못한다. 예수님의 권세는 이 우주보다도 더 크고 세계보다도 더 크기 때문에 하늘과 땅, 온 우주 만물은 다 예수님의 이름 앞에서는 무릎을 꿇고 굴복하게 되어 있다.

이 세상에서 주 예수보다 더 귀한 것은 없다. 이 세상이 주는 행복과 명예, 권력, 부귀영화와 감히 비교할 수도 없으며 바꿀 수도 없다. 이 땅에서 최고의 행복을 누리며 성공을 한 사람이 있다면 예수님을 믿고 구원을 받은 사람이다. 이 땅에서 가장 불쌍하고 불행한 사람이 있다면 아직까지도 예수님을 믿지 않고 구원받지 못한 사람이다. 이 세상 신마귀는 사람을 죽이고 멸망시키고 못된 짓만 한다.

그러므로 하나님을 떠나서는 이 세상 어느 곳에서도 참된 행복과 기쁨, 즐거움, 평안, 자유, 안식, 형통한 복을 얻을 수도 누릴 수도 없다. 예수님을 믿고 구원받은 하나님의 자녀들은 날마다 시마다 천지 만물을 창조하신 하나님 품에서 복되고 형통하며 승리하며 영혼이 잘됨같이 범사에 잘되며 강건한 축복을 받으며 살아가게 된다.

교회

교회는 하나님을 만나는 장소다. 믿음을 배우는 장소다. 그리고 영혼의 양식, 생명의 양식을 먹는 장소다. 하나님께서는 온 세상 모든 사람이 교회를 통해서 예수님을 믿고 구원받기를 바라신다. 그래서 교회를 예수님의 피 값으로 세우셨다고 말씀하시는 것이다. 사람이 육의 양식을 먹지 않으면 살 수 없듯이 영혼은 생명의 양식, 영혼의 양식을 먹지 않으면 살 수 없다. 교회는 세상 사람들의 빛이 되어야 하고 소금의 맛을 내어야 한다. 교회가 세상의 빛이 되지 못하고 소금의 역할을 하지 않으면 세상 사람들은 갈 곳이 없다. 예수님의 피 값으로 세워진 교회는 이 세상이 할 수 없는 일을 해야 한다.

행 2:42~47 그들이 사도의 가르침을 받아 서로 교제하고 떡을 떼며 오로지 기도하기를 힘쓰니라. 사람마다 두려워하는데 사도들로 말미암아 기사와 표적이 많이 나타나니 믿는 사람이 다 함께 있어 모든 물건을 통용하고 하나님을 찬미하며 또 온 백성에게 칭송을 받으니 주께서 구원받는 사람을 날마다 더하게 하시니라.

사도행전의 초대 교회 때에는 날마다 교회에서 일어나고 있는 그 놀라운 일들로 인해서 온 백성들이 교회를 칭송하고 두려워했다. 하나님께서는 온 세상 모든 교회가 사도행전에 나타난 사도들의 행적을 본받아 그렇게 교회를 세워나가며 교회가 온 세상들의 빛이 되고 소금의 역할을 감당하기를 바라신다. 그러나 오늘날 수많은 교회가 세상 사람들의 빛이 되지 못하고 손가락질받고 짓밟히고 있다. 그래서 주님은 한없이 마음 아파하신다.

이 세상 사람들이 할 수 없는 일을 하는 것이 교회의 사명이고 본질이다. 오늘날 수많은 교회가 세상 사람들의 빛이 되지 못하고 소금의 사명을 감당하지 못하므로 세상 사람들의 지탄을 받고 세상 사람들이 안식할 곳을 찾지 못하여서 방황하고 지쳐 쓰러지고 멸망 길로 가게 되는 것이다.

하나님 아버지께서는 이런 모습들을 보시면서 피눈물을 흘리고 계신다. 예수님께서는 온 세상의 죄를 다 담당하시고 온 세상을 구원하시기 위해서 십자가를 지시고 십자가에서 그토록 참혹한 고난을 당하시고 피 흘려주시고 생명까지 주셨는데 사람들이 예수님을 알지 못하여 멸망 길로 영원한 지옥으로 떨어지는 것을 보시고 얼마나 마음 아파하시며 안타까워하시는지 모른다.

하나님 아버지의 뜻은 온 세상 모든 사람이 회개하고 예수님을 믿어 구원받기를 바라신다. 교회는 살아계신 하나님을 온 세상 사람들에게 나타내 보여 주어야만 하는 것이다. 갈 곳 없어 지치고 상한 영혼들에게 생명의 양식을 먹여 주며 살아계신 주님을 나타내 보여 주며 구원시켜야 한다.

눅 20:38 하나님은 죽은 자의 하나님이 아니요 살아 있는 자의 하나님이시라. 하나님에게는 모든 사람이 살았느니라.

누구든지 교회에 나와서 생명의 말씀 진리의 말씀을 듣게 되면 믿음이 자라나게 되고 운명이 바뀌게 된다. 지금까지 알지 못해 세상 죄악에 빠져서 죄의 종으로 마귀의 종으로 살아왔던 지난날을 뼈저리게 후회하며 이제 마귀의 자식에서 하나님 아버지의 자녀로 태어나는 운명으로 바뀌게 되는 셈이다. 세상에서 이보다 더 중요하고 위대한 일은 없다. 영원한 생명을 받은 것이기 때문이다. 예수님은 교회의 머리가 되시고 주인이 되시는 것이다. 교회는 양들에게 생명의 양식, 영혼의 양식을 풍성히 먹여 주어야 한다. 양들이 교회에서 생명의 양식, 영혼의 양식을 풍성히 먹지 못하면 믿음이 자라지 않고 승리하지 못하고 작은 시험이나 환란이 와도 이기지 못하고 침체에 빠지며 실망하고 낙망하게 된다.

성도들이 침체에 빠지거나 이단으로 빠지게 되는 것은 본인에게 50%의 책임이 있다. 목회자가 양들에게 풍성한 꼴을 잘 먹이게 되면 성도들은 절대로 곁길로 가지 않으며 침체에 빠지지도 않는다. 그러므로 교회는 생명을 살리고 구원받을 수 있도록 가르쳐 주어야 하므로 목회자들은 천국과 지옥에 대해서도 성도들에게 상세하게 알려주어야 하고 외쳐야 한다. 예수님께서도 사복음서를 볼 것 같으면 열아홉 번이나 지옥에 대해서 말씀을 하셨다.

막 9:48~49   거기에는 구더기도 죽지 않고 불도 꺼지지 아니하느니라. 사람마다 불로써 소금 치듯 함을 받으리라.

사람은 누구나 한 번 세상에 태어나 살다가 언젠가는 육신을 다 벗고 이 세상을 떠날 때가 있다. 중요한 것은 이 세상을 살 적에 어떻게 살았나 하는 것과 세상을 떠날 때 어떻게 떠나는가라고 볼 수 있다. 세상에서는 비록 120년을 산다고 해도 너무 짧은 세월이다. 영원토록 살아야 할 내세가 있기 때문이다. 세세토록 영원토록 살아야 하는 곳은 천국과 지옥이다. 예수님을 믿고 구원을 받은 사람들은 영원토록 아름답고 좋은 곳에서 살게 된다. 그러나 구원받지 못한 사람들은 세세토록 그 무서운 지옥에서 살아야 한다. 천국은 영원토록 영생 복락을 누리며 사는 곳이지만 지옥은 세상에서는 단 3분도 견딜 수 없는 끔찍한 고통만 당하는 곳이다.

나는 지금까지 하나님 앞에서 기도해 오던 중에 지옥을 60번도 더 보고 직접 체험도 해 보았다. 그것을 다 설명하기에는 지면이 부족할 뿐이다. 그러나 백 번, 천 번, 억만 번을 말한다 해도 절대로 지옥만은 가지 말아야 한다. 한 번 들어가게 되면 영원토록 나올 수 없는 곳이 지옥이다. 이 땅에서는 그러한 고통과 괴로움을 단 3분만 당해도 다 죽는다. 그러나 지옥에서는 마귀들이 사람을 상대로 톱질을 하고 창자가 다 빠져나오도록 잔인한 고문을 해도 절대로 죽지 않으며 그 고통과 고문은 잠시도 쉬지 않고 계속해서 반복되고 있다.

그래서 나는 그러한 광명을 보고 난 후로는 간혹 시장을 가게 되면 정육점 앞을 지나거나 통닭을 튀기는 가게 앞을 지날 때 고개를 딴 데로 돌리고 쳐다보지 않게 된다. 정육점에서는 죽은 소나 돼지를 갖고 자르고 도륙하고 하지만 지옥에서는 살아 있는 사람에게 그토록 잔인한 고문을 하기 때문이다. 지옥에 떨어지게 된 영혼들은 그 고통과 괴로움을 견디지 못하여 그렇게 죽기를 바라지만 죽음이 피해 다니므로 아무리 죽고 싶어도 죽지 못한다. 영원토록 괴로움과 고통만 있는 곳이 지옥이며 영원토록 죽을 수도 없고 죽음이 없는 곳이 지옥이다.

흔히 사람들에게 예수님을 믿어 구원받고 천국 가라고 전도하게 되면 사람들은 천국이 어디 있고 지옥이 어디 있느냐며 이 땅에서 잘 먹고 잘 살면 된다고 말한다. 마귀와 사탄은 온 세상 사람들에게 천국과 지옥이 없다고 속인다. 사람들이 천국과 지옥이 실제로 있는 것을 알게 되면 누구나 다 예수님을 믿고 구원받기 때문이다.

그래서 마귀는 사람들이 구원받을 수 없게 하기 위해 천국과 지옥이 없다고 속이면서 계속 죄짓게 만들고 지옥으로 멸망으로 끌고 가려고 하는 것이다. 교회는 온 세상 사람들에게, 성도들에게 천국과 지옥을 가르쳐 주고 알려주어야만 한다. 사실 이것보다 더 중요한 설교 말씀은 없다.

요 5:24 내가 진실로 진실로 너희에게 이르노니 내 말을 듣고 또 나 보내신 이를 믿는 자는 영생을 얻었고 심판에 이르지 아니하나니 사망에서 생명으로 옮겼느니라.

마 24:33 천지는 없어질지언정 내 말은 없어지지 아니하리라.

완벽하게
치유하시는 하나님

　　사람이 이 땅에 살면서 예수님을 믿고 구원을 받고 사는 것보다 더 기쁘고 행복한 일은 없다. 예수님을 나의 생명의 주인으로 모시고 산다는 것은 날마다 생명력이 넘치며 기적으로 살아가게 된다. 기독교는 단순히 종교가 아니다. 태초에 천지 만물을 창조하신 하나님 아버지를 믿는 것이며 날마다 살아계셔서 우리와 함께하시는 하나님을 믿는 것이다. 기독교는 기적의 종교다. 그런데 기독교를 믿는 사람일지라도 날마다 살아계신 하나님께서 우리와 함께하신다는 믿음으로 사는 사람은 그리 많지 않다. 많은 사람이 종교적으로 관념적으로 형식적으로 신앙 생활하는 것을 볼 수 있게 된다.

　　그러나 분명히 기독교는 살아계신 하나님을 믿는 종교다. 그리고 전 인류를 위하여 나를 위하여 십자가에서 몸 찢기시고 피 흘려주시고 고난당하시고 죽으셨다가 삼일 만에 부활하신 예수 그리스도를 나의 생명의 주인으로 영접하고 믿는 것이다. 예수 그리스도께서 전 인류를 죄와 사망, 멸망에서 건져 주시기 위해서 십자가에서 희생당하신 것을 믿는 것이 기독교다. 육신의 더러움은 물로 씻지만 영혼의 죄악은 오직 예수님의 십자가 피로서만 씻을 수 있다. 예수님의 십자가 피 공로가 아니면 인간의 더러운 죄를 씻을 수 있는 것은 이 세상에는 아무것도 없다. 오직 예수님의 십자가 피 공로만 죄사함받고 구원받을 수 있다. 그러므로 기독교는 피의 종교라고 볼 수 있다. 피는 살아 있는 생명이다. 기독교가 피의 종교이기 때문에 구원이 있고 치유가 일어나고 기적이 일어나고 부활이 있다. 그리고 하나님은 날마다 살아계신 신이시고 우리와 함께하신다.

구약시대 때 하나님께서 이스라엘 백성을 애굽왕 바로에게서 건져 내실 때 애굽에 열 가지 재앙을 내리시고 출애굽 시키실 때에 하나님께서는 놀라운 기적과 이적, 기사를 통해서 홍해를 마른 땅같이 건너게 하셨고 낮에는 구름기둥, 밤에는 불기둥으로 인도하셨고 반석에서 샘물 나게 하셨고 그 많은 백성을 날마다 만나 메추라기를 내려 먹이시고 기르시고 인도하셨다. 구약시대에 그렇게 날마다 기적으로 이스라엘 백성을 먹이시고 인도하신 살아계신 하나님은 지금 이 순간도 동일하게 살아계셔서 일하시고 역사하시는 우리의 아버지 하나님이시다. 기독교는 단순한 지식의 종교가 아니다. 인간의 이성으로나 논리나 이론이나 이런 것으로는 기독교를 이해할 수 없다. 기독교는 천지 만물을 창조하신 살아계신 하나님을 믿는 종교다. 기독교는 신비의 종교이며 기적의 종교다. 이천 년 전에 나사렛 예수 그리스도께서 이스라엘 땅에 오셔서 날마다 천국 복음을 증거하시며 가는 곳마다 수많은 병자를 고치셨고 죽은 자를 살리시며 이적과 기적을 행하셨다. 그때 이스라엘 땅에 오셔서 날마다 수많은 모든 병자를 고치시며 죽은 자를 살리셨던 주님은 오늘날도 동일하게 그 일을 행하고 계시다. 누구를 통해서, 물과 성령으로 거듭난 하나님의 백성을 통해서, 주의 종들을 통해서 지금도 동일하게 수많은 병자를 고치시며 죽은 자를 살리시며 천국 복음을 증거하고 계시다.

기독교의 핵심은 예수님의 십자가다. 천지 만물을 창조하신 하나님이신 예수 그리스도께서 전 인류를 위해 십자가에서 고난당하시고 죽으셨다가 삼일 만에 부활하신 사건이다.

기독교는 일대일의 신앙이다. 내가 예수님을 만나고 물과 성령으로 거듭나야만 한다. 물과 성령으로 거듭나지 않으면 주님을 만날 수 없고 구원에 대한 확신도 없고 참된 믿음을 가질 수도 누릴 수도 없게 된다. 요 3:3~5 말씀에 거듭나다의 뜻은 하늘나라의 백성으로, 즉 하나님의 자녀로 태어난다는 뜻이다.

그러므로 거듭난 자는 주님의 음성을 들을 수 있으며 내가 누구인지 어떠한 존재인지 어떻게 살아가야 할지 내 안에 계신 성령 하나님께서 세밀하게 가르쳐 주시고 완벽하게 인도해 주신다. 기독교 신앙을 갖고 있는 많은 사람 중에 구원에 확신이 없고 기적을 체험하지 못하고 주님의 음성을 듣지 못하고 앉은뱅이의 신앙생활을 하는 것을 보게 되는데 이러한 사람들은 다 본인의 신앙에 문제가 있는 것이다.

주님과 날마다 교제하며 주님의 음성을 듣고 승리의 신앙생활을 위해서는 말씀과 기도가 있어야만 한다. 말씀을 읽지 않고 기도를 드리지 않는다면 승리할 수 없고 평생 앉은뱅이의 신앙으로밖에 살아갈 수 없다. 믿음을 갖는다는 것은 하나님 아버지께서 나에게 거저 주시는 선물이다. 이 선물은 이 세상의 그 어떤 것보다도 무엇보다도 가장 위대하고 값진 선물이다. 수백 조, 수억 조를 주고도 살 수 없는 가장 위대하고 값진 선물이다.

기도는 영혼의 호흡이다. 사람이 호흡하지 못하면 죽는 것같이 기도하지 못하면 죽는 것이다. 이 땅에 태어난 사람이라면 누구나 한번쯤은 태산과 같은 문제에 부딪힐 수도 있다. 나의 힘으로는 도저히 해결할 수 없는 문제다. 그러므로 모든 인간은 전지전능하신 하나님 아버지를 믿고 의지해야만 한다. 나에게는 아무리 힘들고 태산 같은 문제일지라도 아버지께 맡기고 의지할 때 하나님 아버지께서는 손가락 하나 까딱이는 것만큼 쉽게 해결해 주신다. 그러므로 하나님 아버지를 믿고 의지하는 믿음만이 중요하다.

많은 사람이 신앙 생활에 실패하는 것은 전능하신 하나님을 나의 생명의 주인으로 인정하지 않고 다만 육신적이고 세상적으로만 믿고 살아가기 때문이다. 그러나 육신적인 생각으로는 주님을 만날 수 없다. 주님은 영이시기 때문에 영으로만 주님을 만날 수 있고 교통할 수 있다. 예수님은 참 빛으로 세상에 오셨다. 빛은 어둠을 밝게 한다. 빛이 없다면 이 세상에 살 사람은 아무도 없다. 빛이 없다면 이 세상 만물도 아무것도 살아 있을 수 없고 존재할 수 없다.

요1:9~10 참 빛 곧 세상에 와서 각 사람에게 비추는 빛이 있었나니 그가 세상에 계셨으며 세상은 그로 말미암아 지은 바 되었으되 세상이 그를 알지 못하였고 이 세상에서 예수님을 믿는 것이 왜 중요한가 하면 누구든지 예수님을 영접하고 믿기 전까지는 다 깊고 깊은 흑암의 영적인 감옥에 갇혀 있었기 때문이다. 내 힘으로는 도저히 이 깊고 깊은 흑암에서, 영적인 감옥에서 나올 수 없으므로 예수님께서 친히 나를 찾아오셔서 나를 이 깊은 죄악의 감옥에서 수렁에서 건져 주셨다.

골 1:13   그가 우리를 흑암의 권세에서 건져내사 그의 사랑의 아들의 나라로 옮기셨으니 그 아들 안에서 우리가 속량 곧 죄사함을 얻었도다.

한 영혼을 천하보다 귀하게 여기시는 주님께서는 모든 사람이 다 죄악에서 떠나 회개하고 예수님을 믿고 구원받기를 바라신다. 그러나 인간의 속성이 강한 자아가 좀처럼 깨트려지지 않고 세상적이고 육신적인 것만을 추구하며 살다 보니 예수님께서 수없이 찾아오셔서 건져 주시려고 했지만 끝끝내 예수님을 거부하고 제 길로 간 사람도 있고 예수님을 꼭 붙잡고 따라온 사람들도 있다. 한 영혼이라도 잃어버리는 것은 절대 주님의 뜻이 아니다. 주님은 모든 사람이 다 구원받고 영생을 얻기를 원하신다.

시 119:105   주의 말씀은 내 발에 등이요 내 길에 빛이니다.

하나님의 자녀는 날마다
초자연적인 기적 속에서 산다

십수년 전까지만 해도 교회를 다니면서도 세상적으로 육신적으로만 살던 나를 주님께서 찾아오셔서 모든 세상적인 것들을 다 벗어버리게 하시고 골방으로 들이시고 주님과의 1대 1의 교재를 하게 하시고 성경공부와 기도를 하게 하셨다.

지금 생각해 보면 그때 만일 내가 기도의 골방으로 들어오지 않았더라면 큰일 날 뻔했다. 열심히 교회를 다닌다고 하면서도 나는 주님 앞에서 진정으로 회개하지 못했었고 여전히 육신적으로 살며 죄 가운데 빠져서 헤어나지 못하며 살아왔다. 그러다 보니 나의 소중한 혈육과 골육들이 많은 어려움을 당하며 억압받고 포로된 삶에서 헤어나지 못하고 마귀들이 붙잡고 있는 것을 영적으로 눈을 뜨게 되니 보여졌다.

이때부터 마귀와의 영적 전투가 시작되었고, 혈육들을 붙잡고 있던 원수 마귀들을 다 박멸시켜 버리고 승리의 개가를 부르면서 날마다 초자연적인 기적을 체험하며 살게 되었다.

지금 생각해 보건대 그때 만일 내가 이 기도의 골방으로 들어오지 않았더라면 어쩔 뻔했나 하는 생각이 든다. 그렇게 열심히 신앙 생활을 한다고 하면서 옛사람을 벗어버리지 못하고 날마다 실패와 좌절의 삶을 살 수밖에 없었을 것이다.

롬 8:6 육신의 생각은 사망이요 영의 생각은 생명과 평안이니라.

성도가 영적으로 살지 않으면 믿지 않는 사람들과 별반 다를 바가 없다는 것을 골방에 들어 와서야 깨닫게 된다. 영적으로 살지 않는 모든 것이 육신적이요 세상적이기 때문이다.

나에게는 세 명의 동생들이 있다. 그리고 자녀들도 있다. 세상적으로 살 때에는 나의 동생들이 어려움을 당해도 그냥 그런 줄로만 알았다. 그러나 영적으로 눈을 뜨고 보니 원수 마귀들이 동생들을 붙잡고 있는 것이 저절로 보여졌다. 내가 만일 영적으로 돌아오지 않았더라면 하마터면 나의 동생들을 다 잃어버릴 뻔했다. 그러므로 나를 이 골방으로 들이신 하나님 아버지께 한없는 감사와 찬양을 드린다.

한때 나를 미쳤다고 핍박을 했던 동생도 이제는 영적으로 돌아와 신앙생활을 잘하고 있다.

나 한 사람이 영적으로 돌아오게 되니 나의 혈육들 자녀들 모두 하나님 아버지 품 안에서 영혼이 잘됨같이 범사에 잘되며 강건하며 형통한 축복을 받으며 살고 있다.

긍정적인 힘과
부정적인 생각

하나님께서 우리에게 주신 생각과 힘은 창조적이며 긍정적이고 생산적이며 발전적이며 진취적인 생각과 힘을 주셨다. 그러나 마귀적인 생각은 항상 부정적이며 파쇄적이다. 하나님께서 주신 창조적이고 긍정적인 생각과 힘은 생명을 살리고 항상 승리한다. 그러나 마귀는 항상 부정적이며 파괴적이며 좌절과 절망적인 생각만을 가져다준다. 그러므로 어떻게 생각하고 판단하는 것은 생명을 살리고 평생을 승리하며 살게 한다.

하나님께서는 자녀들이 하나님을 온전히 신뢰하며 백프로의 믿음으로 바로 살아가기를 원하신다. 물도 99도에서는 끓지 않는다. 100도가 되어야만 물이 끓기 시작한다.

나는 지금까지 살아오면서 주위에서 수많은 사람들의 성공과 실패, 생과 사를 보게 되었다. 어떤 사람은 아주 건강하고 젊음으로 얼마든지 몇십 년을 더 살 수 있을 것 같은데 스스로 자포자기하며 병원만을 믿고 들락거리더니 얼마 못 가서 바로 세상을 떠나는 것을 보게 되었다. 하나님을 믿고 열심히 잘 살다보면 하나님께서 건강도 지켜 주시고 설령 어떠한 질병에 걸렸다 하더라고 다 치료해 주시고 생명을 연장시켜 주신다.

그러나 하나님을 믿는 믿음이 없으면 마귀가 부정적인 생각을 심어주어 부정적으로 사고방식을 가질 수밖에 없기 때문에 실패하고 낭망하고 좌절할 수밖에 없다.

마귀는 인간에게 패망과 실패와 괴로움과 고통과 사망만을 가져다 준다. 그러므로 하나님의 형상대로 지음을 받은 사람은 항상 하나님 편에서 무엇을 생각하며 판단하고, 행동하는 것은 너무도 중요하고 위대하다.

나의 엄마의 예를 잠깐 들어 보겠다. 우리 엄마 나이 82세 되셨을 때 갑자기 식욕이 떨어지고 소화가 안 되고 몸이 마르시는 것 같아 아주대 병원에 가시게 되었는데 암 두 개가 발견이 되었다.

위암, 폐암이었다. 의사들은 당장 수술을 해야 한다며 만반의 준비를 하고 있는 것 같았다. 물론 내가 사인을 했다. 그사이 나는 잠깐 엄마를 휠체어에 태우고 대기실에 앉아 있었는데 엄마를 쳐다보니 왠지 수술을 받게 되면 곧바로 돌아가실 것 같은 예감이 들었다. 시간은 상당히 급박한 상황이었다. 이제 조금 있으면 수술을 받으러 수술실로 들어 가야 하는 상황인 것이다. 아! 나는 지금 빨리 액션을 취해야 할 것 같은 상황이었다. 이제 엄마가 수술실로 들어가게 되면 두 번 다시 기회는 오지 않는데 이러면서 나는 정신없이 엄마가 앉아 있는 휠체어를 밀고 병원문을 뛰쳐나왔다. 휠체어를 밀고 급히 도로가로 가서 택시를 잡아타고 집으로 줄행랑을 치게 되었다. 순간적으로 벌어진 액션이었다. 엄마와 함께 택시를 타고 집으로 오는데 얼마나 마음이 뿌듯하고 기쁜지 마치 지옥에서 탈출한 그런 기분이었다. 엄마 집 현관문을 여는 순간 엄마의 입에서 "야 여기가 천국이구나! 내 집이 천국이구나! 이렇게 좋은 내 집을 놔두고 왜 나를 그렇게 병원에 오랫동안 있게 했니" 하시면서 좋아서 어쩔 줄 몰라 하셨다. 사실 지금까지 엄마가 병원에 입원해 있으면서 가장 힘들었던 것은 매일 검사한다고 피를 뽑아 가는데 너무 바싹 말라서 혈관도 보이지 않아 간호사들마다 애를 먹었고 엄마 역시 괴로워하시고 힘드셨다.

이렇게 엄마가 좋아 하시는 것을 보니까 나도 역시 집으로 오기를 참 잘 했다는 생각이 들었다. 이때부터 나는 오직 밤낮으로 엄마와 함께 예배드리며 기도에만 매달렸다.

이날도 새벽 2시쯤 엄마와 함께 예배드리며 찬송가 186장을 부를 때에 갑자기 엄마 입에서 "안나가! 나 안나가! 왜 나를 들볶아 나 나가기 싫어! 여기가 좋은데 왜 자꾸 귀찮게 해" 하며 마귀가 엄마에게서 발작을 하는 것이다.

나는 단호하게 나사렛 예수 그리스도의 이름으로 마귀를 다 내쫓고 다시 엄마와 함께 예배드리며 찬송가 186장을 다 불렀을 때 엄마가 갑자기 침대에서 벌떡 일어나시더니 "야 나 다 낳았다! 하나님이 나를 다 고쳐주셨다." 하시면서 할렐루야하며 춤을 추시면서 감사 헌금 봉투를 찾아 내일 교회 가신다고 하시면서 좋아 하셨다. 실로 엄마는 오랜만에 스스로 일어서신 것이다. 병원에 입원한 날부터 계속 침대에만 누워 계셨고 거동은 하실 수 없으셨기에 항상 휠체어를 타고 이동했다. 그래서 병원에서는 화장실도 침대 위에서 보실 수밖에 없었다. 엄마는 다시 침대로 올라 오셔서 이내 코를 고시며 깊은 단잠을 주무셨다.

깊은 단잠을 주무시고 새벽 5시쯤 화장실을 가신다며 일어나시더니 화장실을 가시기도 전에 방바닥에다 핏덩이 같은 것을 쏟아내시는데 보니 계란만 한 덩어리가 두 개 보였다. 바로 이것이 암 덩어리인 것을 알게 되었다.

이날 이후로 엄마는 깨끗하게 치료되어 정상으로 돌아오시게 되었고 스스로 식사도 해서 드시게 되었다. 나는 다시 집으로 돌아오고 며칠 후에 엄마를 보러 갔더니 내일 모래 경로당에서 어디 놀러 가는 데 가시기로 했다며 즐거워 하셨다.

순간의 선택이 생명을 살린 셈이다. 그때 만일 병원에서 수술을 받았더라면 나는 영영 엄마를 볼 수 없었을 것이다.

롬 8:11   예수를 죽은 자 가운데서 살리신 이의 영이 너희 안에 거하시면 그리스도 예수를 죽은 자 가운데서 살리신 이가 너희 안에 거하시는 그의 영으로 말미암아 너희 죽을 몸도 살리시리라.

준비된
믿음과 기도

약 1:18　　믿음이란 태초에 천지 만물을 창조하시고 진리의 말씀으로 우
　　　　　리를 낳아주신 전지전능하신 하나님 아버지를 믿는 것이다.

히 11:1　　그러므로 믿음은 바라는 것들의 실상이요 보지 못하는 것들의
　　　　　증거니 또 믿음이 없이는 하나님을 기쁘게 할 수 없다고 하셨
　　　　　다.

　인간의 힘에는 한계가 있다. 그러나 우리를 진리의 말씀으로 낳아주신 우리의 하나님 아버지는 전지전능 무소 부재하시며 권능과 능력이 무한하신 살아 계신 신이시다. 그래서 예수님 십자가 보혈 공로로 죄 씻음받고 죄사함받고 하나님 자녀로 산다는 것은 이 세상에서 가장 위대하고 중요하고 해괴하다고 볼 수 있다.

　하나님 자녀로 산다는 것은 일단 승리가 보장되어 있다. 왜 그런가 하면 세상 살다 보면 내 힘으로 할 수 있는 것이 있고 내 힘으로 도저히 할 수 없는 것이 있는데 내 힘으로 할 수 없는 것이 훨씬 많다. 천

가지, 만 가지의 일이 있다면 내 힘으로 할 수 있는 것은 겨우 몇 가지에 불과하다. 그러므로 인생은 하나님 아버지를 의지하고 하나님 아버지의 권능과 능력을 믿고 의지하며 살아갈 때에 승리할 수 있고 축복과 평안과 행복과 기쁨과 즐거움이 넘치는 삶을 살 수 있게 된다.

하나님을 떠나서는 이 세상 어느 곳에서도 참 평안과 행복은 없다. 자녀를 둔 부모라면 하나님 아버지의 사랑이 얼마나 무한하고 놀라운지 다 알게 된다. 하나님 아버지께서는 모든 인생들을 무한히 끝도 한도 없이 사랑하신다. 그리고 자녀를 둔 부모라면 항상 깨어서 기도하며 믿음이 준비가 되어져 있어야 한다고 생각한다.

오늘도 갑자기 딸에게서 전화가 왔다. 지현이가 어제부터 열이 나고 기침을 하고 해서 병원을 다녀왔는데도 아무런 차도가 없고 지금 많이 아프다고 하는 것이었다. 딸은 아이들이 어디가 아프거나 하면 우선 병원부터 찾는다. 그리고 병원에서도 아무 효험이 없을 때 나를 부르는 것이다. 나는 재빨리 아기에게로 달려갔다. 아기의 이마에 손을 대는 순간 얼마나 뜨겁고 열이 많이 나는지 깜짝 놀랐다. 얼마나 괴로웠으면 할머니가 빨리 와서 기도해달라고 했던 것이다. 때마침 나는 금식 기도 중에 있었다. 아기의 이마에 손을 얹고 한참을 기도를 드렸다. 차츰 열이 떨어지기 시작했고 아기는 곧 잠이 들어서 집으로 돌아왔다. 열병을 앓아본 사람은 열병이 얼마나 무서운 병인지 잘 알고 있다.

손녀딸들이 자라며 오늘 같은 일이 한두 번 일어난 것이 아니다. 급한 일이 생겼을 때는 항상 딸에게서 긴급 전화가 오는 것이다. 그때마다 나는 준비된 믿음과 기도로 영적 싸움을 하게 된다. 딸은 믿음이 있고 신앙을 가졌어도 급한 일이 생기면 우선 눈에 보이는 병원을 찾고 하나님을 믿는 믿음은 그 다음이다. 그러나 나는 항상 하나님을 먼저 믿고 의지하며 기도를 하는 것이 습관화되어 있다. 그리고 기도를 드리면서도 항상 생각되어지는 것은 만약 내가 하나님을 믿는 믿음이 없었더라면 어쩔 뻔했나 하는 생각이다.

이렇게 믿음을 주셔서 급한 일을 당했을 때 기도하게 하시고 그때마다 항상 기도에 응답해 주시고 완벽하게 치료해 주신다. 급할 때 병원 응급실을 찾는 것보다도 기도가 더 빠른 효과를 보게 된다. 그러므로 믿음과 기도는 성도들에게 있어서 하나님 아버지께서 주신 가장 큰 무기이며 선물이라고 생각한다. 믿음과 기도의 무기가 없다면 성도들은 승리할 수 없고 무기력하고 좌절하고 실패의 연속의 삶을 살 수밖에 없다고 본다. 그래서 예수님을 믿고 죄사함을 받고 구원과 영생을 얻고 날마다 하나님의 자녀로 살아갈 수 있다는 것에 무한한 감사와 찬양과 영광을 성 삼위 하나님께 올려 드리는 바이다.

금식과 기도 외엔
이런 유가 나갈 수 없느니라

막 9:29   이르시되 금식과 기도 외에 다른 것으로는 이런 유가 나갈 수 없
느니라.

누구든지 예수님을 믿으면 운명이 바뀐다. 누구든지 예수님을 믿
으면 새 피조물로 바뀌게 된다. 예수님을 믿었는데 새 사람으로 변화
되지 않았다면 그는 교회를 다니는 것뿐이지 예수님을 만나지는 못한
셈이다. 예수님을 믿고 만나게 되면 당장 삶에 놀라운 변화가 일어나
게 되고 삶의 패턴이 바뀐다. 예수님을 믿고 만나게 되면 내가 얼마나
큰 죄인이었는지도 깨닫고 알게 된다. 그리고 내 죄 때문에 나를 구원
해 주시기 위해서 예수님께서 십자가에서 고난당하시고 피 흘려주신
것을 저절로 알고 깨닫는다.

그래서 주님 앞에 통회자복하고 애통하며 회개하게 되고 나를 구
원해 주신 한량없는 하나님 은혜와 사랑 앞에 무릎을 꿇고 끝없는 감
사와 찬양을 드리게 된다. 예수님을 믿는다는 것은 내가 주님 안에 주

님께서 내 안에 내주하시므로 신비의 연합이 이루어지게 된다.

그러므로 예수님을 믿고 거듭났으면 하나님 아버지께 영광을 돌리는 삶을 살아야 한다. 예수님을 믿는다고 하면서 여전히 죄의 습성을 버리지 못하고 남을 가슴 아프게 하고 거짓말 시키고 사기 치고 억울하게 하고 미워하고 분쟁하고 교만하는 것은 모두 마귀 사탄이 하는 짓이지 예수님을 믿는다고 하는 사람이 하는 짓이 아니다.

예수님을 믿고 거듭난 사람은 첫 번째로 놀라운 인격적인 변화가 일어난다. 성경 속의 대표적인 인물로는 믿음의 조상인 아브라함을 비롯해서 모세 선지자, 엘리야 선지자, 삭개오, 사도 바울을 비롯하여 수도 없이 많다. 죄인의 운명으로 태어난 인간의 속성은 예수님을 만나지 않고는 변화받을 수도 없고 변화되지도 않는다. 전지전능하신 성령께서 내 속에 들어오셔야만 죄의 속성인 나의 옛사람이 죽고 다시 하늘나라의 사람으로 영적인 사람으로 태어날 수 있다. 그래서 예수님을 믿는 사람은 반드시 성령의 충만함을 받아야만 성공적인 신앙 생활을 할 수 있다.

예수님을 믿어도 성령 충만함을 받지 않고서는 날마다 초자연적인 기적을 체험하지 못하고 다른 사람을 위해서 기도를 해주지도 못하고 자신만의 신앙을 지키기도 버겁고 어려워 겨우 걸음마를 하는 정도밖에 되지 않는다. 그러나 성령님을 내 안에 모시게 되면 성령님께서 내 안에 내주하셔서 나를 온전히 가르치시며 인도하시며 멘토자가 되어 주신다. 성령님께서는 나의 과거, 현재, 미래를 다 아시고 인도해 가신다. 성령님과 함께 신앙 생활하지 않는 것은 지붕이 없는 집에서 사는 것과 같다고 볼 수 있다.

예수님을 믿고 성령을 받게 되면 하나님의 말씀이 저절로 다 믿어지며 기도하게 되고 하나님의 말씀대로 살아가게 되고 내가 어디에서 와서 어떻게 살며 어디로 가는지도 너무도 명확하게 알고 깨닫게 된다.

　　그리고 실제로 천국에 올라가 보지 않았어도 천국이 저절로 알고 믿어지며 실제로 지옥에 가보지 않았어도 지옥이 얼마나 끔찍하고 무섭고 괴로움을 당하며 세세토록 죽지도 못하고 살아야 하는 곳인지 너무도 확실하게 알게 되고 깨닫게 되므로 예수님을 믿고 거듭난 사람은 절대로 스스로 목숨을 끊지 않는다. 지옥이 얼마나 무서운 곳인지 확실히 알기 때문이다. 그렇게 사이좋게 살던 부부가 부모 자식 간에도 말하지 않고 갑자기 이혼을 하고 가정 파탄을 가져오게 하는 것, 분쟁하게 하는 것 모두가 다 마귀 사탄이 하는 짓이다. 마귀 사탄은 속이고 억울하게 하고 분하게 하고 거짓말 시키고 죽이고 멸망시키는 짓만 한다.

　　많은 사람이 마귀 사탄에게 속아서 스스로 목숨을 끊고 가정이 파탄이 나고 병들고 가난하고 인생에서 실패하게 되는 것은 예수님을 나의 생명의 구주로 영접하지 않고 예수님 안에서 살지 않기 때문이다. 예수님을 믿고 거듭나서 하나님 자녀로 살아가는 사람들은 절대로 마귀 사탄에게 속지 않으며 속을 수도 없다. 마귀에게 속아서 패배하지 않으며 실패하지도 않는다. 성령님께서 내 안에 내주하셔서 시간 분초마다 지켜주시고 함께하시며 인도해 주시기 때문이다. 주님과 함께 하는 삶은 날마다 승리하며 형통하며 생명력이 넘친다. 성령님과 함께 동행하는 삶은 언제나 즐겁고 기쁘고 평안하며 행복과 소망이 넘친다.

성도가 세상 유혹을 이기지 못하면 패망한다. 목회자라도 세상 유혹을 이기지 못하고 육신의 정욕을 이기지 못하게 되면 패망하게 되고 세상 사람들의 노리개 거리가 될 수밖에 없다. 성도는 오직 하나님 아버지를 왕으로 모시고 섬기며 살아야 한다. 성령님의 인도하심을 따라 살아야 한다.

수많은 사람이 교회를 다니면서도 예수님을 만나지 못하는 것은 거듭나지 않았기 때문이다. 그러면 어떻게 하면 거듭날 수 있을까. 기름과 물은 함께 할 수 없다. 거듭나기 위해서는 먼저 내 속에 있는 죄성을 다 뽑아 버려야만 한다. 내 속에 들어 있는 그 어마어마한 죄성을 뽑아내기 위해서, 흉악의 악한 것들을 다 뽑아 버리기 위해서는 오직 금식과 기도와 회개밖에는 없다.

사 58:6 내가 기뻐하는 금식은 흉악의 결박을 풀어주며 멍에의 줄을 끌러주며 압제당하는 자를 자유하게 하며 모든 멍에를 꺾는 것이 아니겠느냐

사 58:8~11 그리하면 네 빛이 새벽같이 비칠 것이며 네 치유가 급속할 것이며 네 공의가 네 앞에 행하고 여호와의 영광이 네 뒤에 호위하리니 네가 부를 때에 나 여호와가 응답하겠고 네가 부르짖을 때 내가 여기 있다 하리라 여호와가 너를 항상 인도하며 메마른 곳에서도 네 영혼을 만족하게 하며 네 뼈를 견고하게 하리니 너는 물 댄 동산 같겠고 물이 끊어지지 아니하는 샘 같을 것이다.

금식 기도와 회개를 통해서 내 안에 있는 바위, 돌덩이보다 더 큰 교만이 깨트려지고 오만이, 자만이, 자아가 산산조각이 나 다 소멸되고 그동안 죄악 가운데 빠져 살면서 나도 모르게 지었던 그 많은 죄성들을 가시 엉컹이와 같은 모든 독초들을 다 뽑아내고 걷어내어 버리고 회개하고 통회자복하며 애통할 때에 진정 내 마음에 한량없는 평안과 기쁨과 행복이 용솟음치게 된다. 죄는 무거운 짐이다. 죄의 짐을 내려놓아야만 믿음의 경주를 할 수 있다. 내 힘으로 도저히 질 수 없고 해결할 수 없는 짐이 죄의 짐이며 가장 무겁고 힘든 짐이 죄의 짐이다. 그래서 사랑의 본체이신 예수님께서 모든 인생을 향하여 수고하고 무거운 짐 진 자들아 다 내게로 오라 내가 너희를 쉬게 하리라 하셨다.

하늘과 땅, 이 우주 가운데서 모든 인생의 죄 문제를 해결해 주실 분은 오직 예수 그리스도밖에 없다. 예수님께서 나의 죄 문제를 해결해 주시지 않으면 나를 비롯한 모든 인생들은 영원히 멸망을 받을 수밖에 없다. 예수님만이 모든 인생들의 길이요 진리요 생명이요 구원이시오 영생이시오 부활이 되시기 때문이다. 하나님 아버지의 형상대로 지음을 받은 사람들은 모두 하나님 아버지의 품 안에서 살 때에만 이 세상에서 결코 얻을 수 없는 참 자유와 평안과 안식과 기쁨과 즐거움과 행복과 소망이 넘치는 축복을 받으면서 살 수 있다.

롬 8:13~15

너희가 육신대로 살면 반드시 죽을 것이로되 영으로서 몸의 행실을 죽이면 살리니 무릇

하나님의 영으로 인도함을 받는 사람은 곧 하나님의 아들이라 너희는 다시 무서워하는

종의 영을 받지 아니하고 양자의 영을 받았으므로 아빠 아버지라 부르짖느니라.

2

수고하고 무거운
짐 진 자들아
다 내게로 오라

세상 사람들은 남보다 더 잘 살기 위해
더 가지기 위해 더 높은 자리에 올라가기 위해 노력하고 투쟁하지만
가장 먼저 추구해야 할 것은 놓치고 가는 사람이 많다. 백번, 천번을 말해도
사람이 이 땅에서 예수님을 믿고 구원받는 것보다 더 중요한 것은 없다.

희귀병을
깨끗이 고쳐 주시다

　　　　　　　　　　　　교회에서 한 집사님을 만나서 이야
기를 나누는 중에 하나님께서 나의 남편의 폐암을 깨끗이 고쳐 주셨
다고 하자 그 집사님이 반가운 얼굴로 나의 말을 듣고 안 그래도 집사
님의 딸이 지난주에 대학 병원에 가서 검사를 받았는데 자궁 안에 희
귀병이 생겨서 다음 주에 병원에 가서 다시 검사를 받고 수술을 해야
한다고 근심 어린 어조로 말하는 것이었다. 그리고 나에게 집사의 딸
을 위해서 간절한 기도를 부탁했다.

　나는 집사님께 아무 걱정하지 마시고 다만 하나님께 맡기고 기도
만 드리라고 하면서 집에 와서 그 집사님의 딸을 위하여 하나님께 간
절히 기도를 드렸다. 하나님께서 응답해 주시기를 이미 그 딸의 기도
를 들으시고 그 병을 깨끗이 고쳐 주셨다고 말씀하셨다. 그래서 나의
마음도 참 편안하고 안심되었다. 그리고 그 다음 주에 교회에서 그 집
사님을 뵈었을 때 집사님은 밝고 환한 웃는 얼굴로 딸이 병원에 수술
받기 위해서 갔는데 그 희귀병이 온데간데없이 없어졌다는 것이었다.

그 집사님의 말로는 그 병은 천 명 중 두 명이 걸릴까 말까 하는 희귀병이라고 했다. 전능하신 하나님 아버지께서는 이 세상 의학으로 의술로 고칠 수 없는 모든 병을 한순간에 깨끗하고 완전하게 고쳐 주시는 것이다.

막 9:23 예수께서 이르시되 할 수 있거든이 무슨 말이냐 믿는 자에게는 능히 하지 못할 일이 없느니라 하시니

중풍 병을 깨끗이
고쳐 주시다

오랜만에 친구로부터 전화가 와서 받게 되었는데 이야기 도중 자기 오빠가 중풍 병으로 요양 병원에 입원해 있었는데 아무런 차도가 없어 자기 집으로 와서 쉬고 있다고 했다. 그러므로 나보고 와서 자기 오빠 치유 기도를 해달라는 부탁이었다.

나는 쾌히 승낙을 하고 며칠 후에 친구와 함께 그의 오빠 치유 기도를 해주기 위해 갔다. 친구의 오빠 분은 왼쪽 팔과 다리에 중풍이 와서 그동안 하던 일도 모두 정리하고 요양 병원에 입원해 있다가 집으로 오게 된 것이었다. 나는 그의 왼쪽 팔과 다리에 손을 얹고 나사렛 예수 그리스도의 이름으로 깨끗이 치료될 것을 믿으면서 치유 기도를 드렸다.

이분은 초신자가 아니라 예수님을 믿는 집사님이셨다. 그래서 그런지 기도를 드리는 중에도 계속 아멘 아멘하며 하나님께서 치료해 주실 것을 믿는다고 화답했다. 기도를 드리는 중에 주님께서는 이 아들을 사랑하시며 이 중풍 병을 깨끗이 고쳐 주신다는 응답을 해주셨다. 그리고 기도를 마치고 우리는 돌아왔다. 기도를 다 마칠 때까지 그는 완전하게 낫지 않았다.

그런데 7주일 후에 친구에게서 연락이 오기를 자기 오빠가 이제 깨끗이 나아서 건강도 되찾고 그동안 정리했던 사무실도 다시 열어 사업을 시작했다는 것이었다. 사랑이 많으신 우리들의 하나님 아버지께서 그의 중풍 병을 고쳐 주시는 것은 너무도 당연한 것이다. 우리는 우리의 힘으로는 아무것도 할 수 없지만 하늘과 땅의 모든 권세를 가지고 계신 예수 그리스도의 이름을 사용할 때 예수 그리스도의 이름이 원수 마귀를 다 박멸시켜 버리고 어떤 병에 걸렸든지 다 치료가 되는 것은 너무 당연하다.

약 5:15   믿음의 기도는 병든 자를 구원하리니 주께서 그를 일으키리라.

골수암을 깨끗이 고쳐 주시다

　　교회에서 박 집사님을 만나는데 나에게 하는 말이 지금 자기 언니가 암 투병 중에 있는데 아무것도 먹지도 못하고 잘 움직이지도 못하고 너무 힘들어서 괴로워하고 있다고 하며 나에게 기도를 해줄 수 있느냐며 부탁해 왔다. 나는 쾌히 승낙을 하고 집사님과 함께 그 언니 집으로 갔다. 가서 그 환자를 보니 너무 불쌍했다. 기도를 해주기 위해 그의 손을 만졌는데 깜짝 놀랐다. 손과 팔, 발목이 어쩌면 그렇게 돌멩이처럼 딱딱하던지 바늘을 찔러도 들어가지 않을 것 같았다. 나는 지금까지 많은 사람들을 기도해 주었지만 이처럼 손과 팔목, 다리가 돌멩이처럼 딱딱한 것은 처음 보았다.

　　가끔 TV나 방송을 통해서 누가 암 투병 중에 있다가 죽었다는 소리를 들으면 왜 죽었을까 하고 생각해 본 적이 있는데 오늘 이 환자를 보니 이래서 사람이 암이 걸리게 되면 죽는구나 하는 것을 보고 알게 되었다.

　　환자에게 왜 이렇게 손과 발이 돌멩이처럼 딱딱하냐고 물어봤더니 자기도 모른다며 그동안 항암 주사를 10번 이상 받았는데 항암 주사를 맞을 때마다 너무 힘들다고 한다. 밥이나 무슨 음식을 맛있게 먹어 본 지가 꽤 오래되었다고 하며 무엇을 입에 넣으면 모래를 씹는 것 같아 세 숟갈도 먹지 못한다고 한다. 그러다 보니 힘이 없어서 두 계단도 오르지 못하고 움직이는 것조차 너무 힘들어 집에만 있는다고 했다.

머리카락은 한 개도 없어 모자를 쓰고 있었다. 나는 그를 침대에 누우라고 하고 그의 머리에서부터 발끝까지 안수기도를 했다. 물론 치료는 주님께서 하시는 것이고 나는 도구로만 쓰임받는 것이다.

그의 머리와 이마에 손을 얹으며 기도를 드리는데 그는 얼마나 흐느끼면서 우는지 모르겠다. 그동안 얼마나 영혼이 주님께 목말라 있었으면 주님을 만나니 너무 감사하고 감격하여 흐느껴 우는 것이리라. 기도를 다 마치자 그는 일어나면서 이제 살 것 같다며 이내 밝은 얼굴로 우리에게 과일을 대접하며 처음으로 이렇게 과일을 맛있게 먹어 본다고 했다. 우리가 나오자 그는 높은 계단까지 내려와 손을 흔들며 배웅하는 것이다.

다음 날 새벽 기도회에서 박 집사님이 나에게 다가와 어제 자기 언니가 기도를 받은 후에 너무 좋아져서 처음으로 밥 한 그릇을 다 먹고 이제 일어나서 조금씩 운동도 하며 이제는 살 것 같다고 했단다. 그리고 일주일 후에 박 집사님의 언니에게 전화가 왔는데 이제 완전히 회복되어서 강원도에 있는 친정집에도 갔다 오고 활발하게 활동도 할 수 있다고 하며 다시 태어난 것 같다고 했단다. 주님께서는 내가 그때 그 딸 위에 손을 얹고 기도할 때 그 자리에서 즉각 치료를 해주셨던 것이다. 그의 하염없는 눈물을 보시고 그를 더욱 불쌍히 보시고 긍휼과 사랑을 베풀어 주셔서 그를 암이라는 불치병에서 깨끗하게 고쳐 주신 것이다.

마 14:36　　다만 예수의 옷자락에라도 손을 대게 하시기를 간구하니 손을 대는 자는 다 나음을 얻으니라.

폐암을
깨끗이 고쳐 주시다

사람 육신의 눈에 보이지 않는 하나님은 날마다 살아계셔서 하나님의 자녀들을 눈동자같이 지키시고 사랑하시고 돌봐주신다. 인간의 연약함을 아시고 각 사람의 체질을 아시는 하나님 아버지께서는 지금 이 시간도 살아계셔서 자녀들의 상처를 싸매주시고 고통당하고 울부짖는 자녀들을 가슴 아파하시며 불쌍히 보시고 치료해 주신다. 그리고 하나님 아버지께서는 이 세상 사람이 할 수 없는 그 어떠한 일도 다 하시는 전지전능 무소 부재하신 신이시다. 인간에게는 불가능이 많지만 하나님 아버지는 불가능이란 단한 가지도 없으신 분이다. 인생을 살다 보면 산전수전 다 겪게 되고 때로는 태산 같은 문제에 부딪히기도 하고 어떤 사람은 죽을병에 걸리는 일도 있다. 그러나 이 모든 일 중 내 힘으로 할 수 있는 것은 아무것도 없다. 그래서 모든 인간에게는 절대적인 신이 필요하다. 예수 그리스도만이 인생의 길이요 진리요 생명이요 부활이라고 성경 요 14:6절은 말씀하신다.

벧전 5:7 너희 염려를 다 주께 맡기라. 이는 그가 너희를 돌보심이라.

좋으신 우리의 하나님 아버지께서는 자녀들의 모든 문제를 해결해 주시기 위해서 항상 기다리고 계신다. 그러나 많은 사람이 눈에 보이지 않는 하나님을 믿지 않는다. 당장 눈에 보이는 것들에만 치중하게 되고 세상과 사람을 믿는 것에만 관심을 갖게 된다. 그러나 세상과 사람은 나의 태산 같은 문제를 해결해 줄 수 없다. 하나님만이 나의 태산 같은 문제를 아시고 해결해 주실 수 있다. 이 세상 최고의 과학이, 의술이, 사람이 나를 죽을병에서 고쳐 주지는 못한다. 그러나 나의 생명의 주인 되시는 예수 그리스도께서는 나를 얼마든지 죽을병에서 고쳐 주시고 새 생명을 선물로 주신다.

주님은 전지전능하신 살아계신 신이시기 때문에 나를 죽을병에서 고치신다. 따라서 예수님께서는 이 세상에서 못 고칠 질병이 하나도 없으시다. 오늘도 주님께서는 병으로 고생하고 있는 사람들을 친히 찾아오셔서 모든 질병을 고쳐 주시려 한다.

마 4:23 예수께서 온 갈릴리에 두루 다니사 그들의 회당에서 가르치시며 천국 복음을 전파하시며 백성 중의 모든 병과 모든 약한 것을 고치시니

남편이 첫 번째 암 검사를 받고 암인 것 같다고 했다. 두 번째 받았을 때는 폐암 4기라고 했다. 병원에서 폐암 4기라고 판정을 받고 돌아온 남편은 이제 죽었다고 생각하며 삶을 포기한 사람같이 행동했

다. 몇몇 지인들은 남편의 소식을 듣고 이제 장례 치를 준비를 해야하지 않겠느냐고 한다. 날씨가 그렇게 화창하고 좋은데도 밖에도 나가지 않고 대낮에 이불을 쓰고 침대에 드러누워 있는 것이다. 그러나 나는 하나님께서 남편의 폐암을 깨끗이 고쳐 주실 것이라는 확신이 들었다. 병원에서 못 고칠 병이면 하나님만이 고치실 수 있는 것이기 때문이다. 하나님 아버지께서 남편의 폐암을 고쳐 주실 것에 대해서는 단 1%의 의심의 여지도 없이 기도를 드렸다.

그리고 세 번째 검사 결과를 보러 가던 날 남편의 환부에 대고 안수 기도를 두 시간 이상 드렸다. 목요일 남편이 최종 검사를 받고 돌아왔다. 결과는 내가 예상했던 대로 암이 없어졌다고 했다. 암세포가 온데 간데없이 다 사라져 버린 것이다. 암이 없어졌다고 정상이라는 의사의 말을 듣고 온 남편은 갑자기 씩씩해졌고 활기가 찬 모습이었다. 하나님에 대한 믿음이라고 전혀 없고 오직 병원만 의지하고 의사의 말만을 신뢰하는 남편은 영적으로 어린아이인 것이다.

롬 8:11   예수를 죽은 자 가운데서 살리신 이의 영이 너희 안에 거하시면 그리스도 예수를 죽은 자 가운데서 살리신 이가 너희 안에 거하시는 그의 영으로 말미암아 너희 죽을 몸도 살리시리라.

시편 18:46   여호와는 살아 계시니 나의 반석을 찬송하며 내 구원의 하나님을 높일지로다.

허리디스크 병을
깨끗이 고쳐 주시다

낮에 잠깐 딸네 집을 다녀오다 길에서 아주머니 한 분을 만났는데 허리를 펴지도 못하고 구부리지도 못하고 앉지도 못하고 지팡이를 잡고 지팡이에 겨우 엉거주춤 의지하고 얼굴은 찡그리고 있었다. 그래서 왜 그러시냐고 물어봤더니 허리에 디스크가 와서 병원에서 수술을 받았는데 수술을 잘못 받아 수술받기 전보다 더 허리가 아프고 움직이기도 힘들다고 한다. 허리가 아프고 허리를 움직이기도 힘이 들어서 아무 일도 하지 못하고 한 발짝을 걷는 것도 힘이 든다고 했다. 그리고 돌아왔는데 며칠 후에 주님께서 가서 그분을 위해 기도를 해주라고 하시는 것이었다.

그래서 나는 당장 그 아주머니댁으로 달려가서 주님께서 아주머니를 위해 기도를 해드리라고 해서 왔다고 하며 그의 허리에 손을 얹고 예수님 이름으로 계속 치유 기도를 드렸다. 한참 기도를 드리는 중에 아주머니께서 이제 그만 되었다고 하시면서 기도를 끝내게 하셨다. 집에 돌아와서 시계를 보니 그 아주머니에게 가서 두 시간이 넘도록 기도를 드린 듯했다. 그런데 나는 20분도 안 된 느낌이었다. 아주머니댁에서 기도를 드리고 나오면서 그 아주머니가 완전히 치료되었을 것을 믿으며 확인하지는 않고 주님께서 만지셨으니 무조건 깨끗이 고침을 받았다고 하며 믿고 집으로 돌아왔다.

그리고 며칠 후 우연찮게 그 아주머니를 동네 가게 앞에서 만나게 되었다. 아주머니는 머리에 무엇인가 잔뜩 이고 또 무엇인가 잔뜩 들은 배낭을 메고 오는 것이었다. 나는 뜻밖에 조금 놀라기도 하고 반갑기도 하여 인사를 하며 어디 다녀오세요 하고 물었더니 시장을 봐 가지고 오는 것이라고 하셨다. 바로 며칠 전 주님께서 만져주시기 전까지만 해도 허리를 펴지도 못하고 구부리지도 못하고 앉지도 못한다고 하며 얼굴을 찡그리고 겨우 지팡이에 의지하여 한 발자국도 제대로 걷지 못한다고 하던 분이 세상에 이렇게 머리에 잔뜩 이고 배낭을 지고 씩씩하게 걸어가고 있었다.

참으로 우리 주님께서는 세상에서 못 고칠 병이 하나도 없으신 분이다. 누구라도 예수님을 믿기만 하고 나오게 되면 어떠한 병에 걸렸든지 다 고쳐 주시는 좋으신 우리 주님이시다.

미 10:8　병든 자를 고치며 죽은 자를 살리며 나병 환자를 깨끗하게 하며 귀신을 쫓아내되 너희가 거저 받았으니 거저 주라.

수고하고 무거운 짐 진 자들아
다 내게로 오라

교회에서 한 집사님의 부탁을 받고 그 친척 되시는 분 기도를 해드리기 위해서 갔다.

이 할머니는 76세 된 분이셨는데 치매가 와서 요양병원에 보내지셨다가 아무런 차도가 없자 다시 집으로 모시게 되었다고 한다. 할아버지 말로는 할머니가 워낙 치매가 심해서 요양병원에서는 할머니의 양손과 발을 침대에 묶어 놓았다고 한다. 그래서 그런지 할머니의 손과 발은 막대기처럼 딱딱하게 굳어 있었고 거동도 하실 수가 없었다. 이 댁은 할아버지와 자녀들도 함께 살고 있었다. 나는 할아버지와 단 둘이서 예배를 2시간 이상 드리며 할머니의 온몸에 손과 발에 손을 얹고 1시간 이상 치유기도를 드렸다. 예배를 드리는 도중에 자녀들이 왔다 갔다 하며 자기 엄마는 지금까지 불교를 믿어왔고 자기들도 다 불교를 믿는다고 했다. 그러면서 만일 엄마가 예전처럼 백 프로 정상으로 돌아오기만 하면 자기들도 예수님을 믿을 거라고 한다. 나는 자녀들이 이렇게 말하는 것을 보고 더욱더 열심히 할머니의 백 프로의 치유를 위해 예배와 기도를 드렸다. 그렇게 삼일째 예배를 드릴 때에 갑자기 할머니가 스스로 일어나시더니 말을 하고 화장실을 다녀오시는 것이었다. 이때 할아버지는 할머니의 돌발적인 행동을 보고서 너무 놀라 하셨고 감격하며 막 울음을 터트리셨다. 아마도 할아버지께서는 할머니의 팔과 다리가 너무 딱딱하게 굳어 있어서 일어나시지 못할 것이라고 생각하셨던 것 같다.

할아버지는 너무 좋아하시는 것 같았다. 그런데 내가 보기에 할머니의 치매는 백 프로 돌아오지 않은 것 같았다. 그래서 집으로 돌아오게 되면 밤에 또 할머니를 위해 기도를 드렸다. 그 다음 날도 또 가서 예전처럼 똑같이 예배를 드렸다. 할머니는 움직이시면서 주방에 가셔서 무엇을 하시기도 했지만, 치매는 완전히 치유가 된 것 같지 않아서 나는 작정하고 3일 금식을 하기로 했다. 엄마가 백 프로 정상으로 돌아오게 되면 자녀들이 다 예수님을 믿는다고 하는 그 말에 나는 3일 작정 기도를 하게 되었다. 그리하여 할머니의 백 프로의 치료를 위해 3일 금식을 마치고 밤에 잠을 자는데 환상으로 백 리터가 더 되는 큰 쓰레기봉투를 보게 되었는데 자그마치 그 쓰레기봉투는 80개가 더 되었고 운동장 같은 데에 산더미처럼 쌓여져 있었다.

내 안에 계신 성령님께서는 이것이 지금까지 이 할머니가 살아오면서 지은 죄라는 것이었다. 그러니까 할머니가 지금까지 살아온 모든 것이 죄뿐임을 알게 해주신 것이다. 그러니 사람의 힘으로 저렇게나 많은 죄 짐을 지고서 어떻게 살 수 있었는가 싶었다.

그래서 온 인류의 구원자가 되시는 예수님께서는 모든 인생들을 불쌍히 보시고 그 무겁고 힘든 죄 짐을 대신 져주시기 위하여 수고하고 무거운 짐 진 자들아 다 내게로 오라! 내가 너희를 편히 쉬게 하리라고 말씀하셨다(마 11: 28).

이 세상에서 인간의 힘으로 할 수 없는 것이 있다면 그것은 가장 무겁고 힘든 죄의 짐인 것이다. 그 누구도 스스로의 힘으로는 이 무겁고 힘든 죄 짐을 질 수 없다.

그래서 어떤 사람은 이 죄 짐이 너무 무거워 지치고 쓰러져 스스로 삶을 포기하는 것을 보게 된다.

그 누구도 이렇게 무겁고 힘든 죄 짐을 주님께 내려놓지 않고는 평탄한 삶을 살 수 없으며 참 자유와 안식과 평온도 누릴 수 없다. 그러나 이 모든 짐을 온전히 주님께 내려놓았을 때 모든 인생들은 독수리처럼 훨훨 날아 다닐 수 있다.

나의 손녀딸들

나에게는 결혼한 딸이 하나 있고 사위와 두 외손녀가 있다. 부족하나마 오늘 외손녀들에 대해서 이 글을 쓰게 된 것은 이 땅에 자녀를 키우는 부모들이나 손자 손녀를 키우는 할아버지나 할머니들에게 조금이나마 도움이 될까 해서 글을 쓰게 되었다. 나에게 있어서 두 외손녀들은 나의 생명보다도 더 귀하고 소중하며 사랑스럽고 귀엽다.

이날도 딸과 두 외손녀을 데리고 함께 길을 걷고 있는데 갑자기 작은 손녀딸이 엄마에게 자전거 키를 달라고 하더니 엄마가 키를 주자 곧바로 자전거를 타고 막 쏜살같이 앞을 향해 달려가고 있는 것이었다. 어찌나 빠르게 달려가는지 날아가고 있는 듯했다. 나는 저러다 분명히 사고가 날 것 같아서 안절부절못하고 옆에 있는 딸에게 원망을 퍼부었다.

나는 네가 이렇게 미련하고 어리석은 줄 오늘 처음 알았어. 왜 애한테 자전거 키를 주느냐 말야 하며 계속 딸을 원망했다. 그렇게 내리

막길을 앞을 향해 질주하던 수현이가 갑자기 큰 웅덩이 속으로 빠져들어갔다. 나는 너무 놀라 달려가서 웅덩이 속으로 뛰어 들어가서 수현이를 건지기 위하여 수현아 수현아 소리치며 불려댔지만 수현이는 어디에 있는지 아무 대답이 없었다. 웅덩이는 적막하기만 했고 수현이를 건지기 위해 아무리 찾아도 아무것도 손에 잡히는 것이 없었다.

이러면서 꿈에서 깨어났다. 꿈이니까 망정이지 이것이 사실이었다면 큰일 날 뻔했다 싶어 안도감과 함께 오늘도 주님께서 금식기도하라는 사인인 줄 알고 바로 기도에 들어갔다.

두 외손녀딸이 자라가면서 이러한 체험을 한두 번 한 것이 아니었다. 그때마다 기도하라는 주님의 음성인 줄 알고 깨어 기도할 때에는 승리했고 어쩌다 그냥 지나갔을 때는 힘든 위기에 처한 적도 있었다.

오늘날 수많은 청소년들이 헛된 것에 속아 인터넷이나 핸드폰 중독에 빠지면서 갈 길을 알지 못하고 잘못된 길을 향하여 향방없이 달려가고 있지 않은지 생각해 보게 된다.

또 한번은 우리집이나 딸네 집이나 아무런 문제없이 평온하게 잘 지내고 있는데 갑자기 성령님께서 3일 금식기도를 하라고 하셨다. 그리하여 순종하여 3일 금식기도를 마쳤다. 그리고 주일날 낮 예배를 드리고 딸네 집에 가보고 싶어서 들렸다.

마침 딸도 낮 예배를 드리고 와서 가족과 함께 쉬고 있는 중이었다. 나를 보더니 딸이 산책이나 하자며 아이들을 데리고 나왔다. 우리는 바로 뒤에 있는 한적한 동산 같은 곳으로 가서 소나무 옆에서 이런저런 이야기를 하고 있었고 아이들은 옆에서 곤충 같은 것을 신기한 듯이 보며 만지며 놀고 있었다. 그리고 얼마나 지났을까. 딸과 나는 무심코 앞을 쳐다보며 이야기를 나누고 있었는데 조금 전까지만 해도 옆에서 놀고 있던 아기가 어느새 저 앞에 있는 도로 중앙에 가 서 있는 것이 보였다. 도로는 좁은 외길이었으므로 자동차는 잘 다니지 않았고 사람만 가끔 지나다니는 그런 길이었다.

그런데 딸과 내가 아기를 쳐다보는 순간 바로 앞 6미터쯤 되는 거리에서 순찰차 비슷한 차가 아기가 있는 곳을 향해 달려오고 있는 것이었다. 순간 딸과 나는 너무 놀라면서 으악! 안돼 하며 소리쳤고 순간 나도 모르게 오 주님 하며 눈을 감아 버리게 되었다. 그리고 잠시 후 눈이 떠져 아기가 있는 곳을 바라보게 되었는데 아기는 아무 일도 없었다는 듯이 아장아장 걸어다니고 있었다. 딸과 나는 후 하고 놀란 가슴을 쓸어내리며 똑같이 하나님께서 하신 일이야! 하나님께서 우리 아기를 살려주셨어 하며 다시금 하나님 아버지의 그 크신 사랑과 은혜를 깨닫고 감사하게 되었다. 비로소 이때서야 나는 주님께서 3일 금식기도하라고 하셨던 말씀을 생각하며 깨달았다. 이때 만약 하나님께서 사고를 막아 주시지 않았더라면 가뜩이나 마음이 여리고 신앙이 약했던 딸은 기절하여서 영영 깨어나지도 못했을 것이고 나 역시 어떻게 감당할 수도 없었다. 이렇게 우리들의 하나님 아버지께서는 자녀들을 세세하게 돌보시고 지켜주시고 한없는 사랑과 은혜를 베풀어 주시며 안아주신다.

요삼 1:2   사랑하는 자여 네 영혼이 잘됨같이 네가 범사에 잘되고 강건하
　　　　기를 내가 간구하노라.

요 1:9~12

참빛 곧 세상에 와서 각 사람에게 비추는 빛이 있었나니 그가 세상에 계셨으며 세상은

그로 말미암아 지은 바 되었으되 세상이 그를 알지 못하였고 자기 땅에 오매 자기 백성

이 영접하지 아니하였으나 영접하는 자 곧 그 이름을 믿는 자들에게는 하나님의 자녀가

되는 권세를 주셨으니

모든 사람들은
주님 은혜 없이는
단 하루도 살 수 없다

이 세상에서 예수님이 없는 인생처럼 불쌍하고 불행한 인생은 없다.
내 힘으로는 이 영적인 깊은 죄악의 감옥에서 나올 수 없으며
내 힘으로는 죄와 사탄과 질병과 사망을 이길 수 없기 때문이다.

성령 하나님께서
하시는 일

지금은 성령의 시대에 살고 있다.
성령 하나님께서 도와주시지 않으면 내 힘으로는 도저히 예수 믿고
구원받을 수 없다. 모든 인간은 태어나면서부터 영적인 감옥에 갇혀
있기 때문이다. 내 힘으로는 이 영적인 깊은 죄의 감옥에서 나올 수
없다. 그러므로 예수님께서 부활 승천하시면서 온 세상 사람들이 다
구원을 받을 수 있도록 보혜사 성령님을 보내 주시겠다고 하셨다. 그
러므로 오늘날은 성령의 시대인 것이다. 성령 하나님께서는 모든 사
람들이 다 구원을 받게 하기 위하여 한 사람 한 사람에게 친히 찾아오
셔서 예수 그리스도에 대해서 알게 해주시고 회개하여 구원받을 수
있도록 도와주신다.

행 1:8   오직 성령이 너희에게 임하시면 너희가 권능을 받고 예루살렘
         과 온 유대와 사마리아와 땅끝까지 이르러 내 증인이 되리라 하
         시니

사도행전은 총 28장까지 있는데 28장 전체가 성령께서 하시는 일로만 가득 찼다. 예수님의 열두 제자들도 성령 체험을 하기 전까지는 아무런 역사가 나타나지 않았었다. 그러나 성령 체험을 하고 난 후로부터 복음으로 온 세상을, 세계를 뒤집어 놓는 역사를 일으키게 되었다. 성령님은 예수님을 믿고 구원받은 성도들에게 내주하셔서 도와주시고 가르치시고 인도해 주신다. 세상 살다 보면 이런저런 일을 당하게 되고 때로는 태산 같은 문제에 부딪힐 수도 있는데 이때마다 성령님께서는 세미한 음성을 들려주시면서 함께 기도해 주신다.

고전 2:10 오직 하나님의 성령으로 이것을 우리에게 보이셨으니 성령은 모든 것 곧 하나님의 깊은 것까지도 통달하시느니라.

고전 2:13 오직 성령께서 가르치신 것으로 하니 영적인 일은 영적인 것으로 분별하느니라.

성령님은 우리가 예수님을 믿고 천국을 갈 때까지 우리 곁을 떠나지 않으시고 세세하게 인도해 주신다. 그러므로 성도가 성령의 충만함을 받지 않고는 신앙생활에서 승리할 수 없다. 성령님의 도움 없이는 아무 일도 할 수 없다. 순간마다 성령님께 여쭈어보고 성령님의 인도를 받아야만 승리할 수 있다. 성령님은 성도들이 구원을 받고 천국에 갈 때까지 내비게이션 역할을 하시게 된다. 성령님은 모든 믿는 사람들에게 때로는 멘토자이시고 친구도 되시고 스승도 되시며 지도자이시기도 하다. 그러므로 성령님의 도움 없이 인도하심 없이 신앙생활을 하는 것은 마치 추운 겨울날에 옷을 입지 않고 돌아다니는 것과 같다.

모든 사람들은
주님 은혜 없이는 단 하루도 살 수 없다

모든 사람들은 주님의 십자가 은혜 없이는 단 하루도 살 수 없다. 왜 그런가 하면 모든 인생들은 태어나면서부터 죄의 운명을 갖고 태어났기 때문이다(롬 3:10).

죄의 운명을 갖고 태어난 사람들은 태어나면서부터 죄의 포로가 되어 있었고 죄에서 자유로울 수 없었고 영적으로 소경되었고 죄에 눌려 있었다. 그리고 죄의 감옥에 갇혀 있었다. 그러므로 그 누구도 내 힘으로는 이 깊고 깊은 죄의 감옥에서 나올 수 없고 포로되고 억눌린 억압에서 자유로울 수 없다. 그러므로 사랑이신 우리들의 하나님 아버지께서는 사랑하는 자녀들이 원수 마귀 사단과 죄에 매여 고통당하고 멸망해 가는 것을 불쌍히 보시고 이천 년 전에 예수님을 이 땅에 보내 주신 것이다. 캄캄한 세상에 예수님은 참 빛으로 우리에게 오셨다.

요 1:9~12 참빛 곧 세상에 와서 각 사람에게 비추는 빛이 있었나니 그가 세상에 계셨으며 세상은 그로 말미암아 지은 바 되었으되 세상이 그를 알지 못하였고 자기 땅에 오매 자기 백성이 영접하지 아니 하였으나 영접하는 자 곧 그 이름을 믿는 자들에게는 하나님의 자녀가 되는 권세를 주셨으니

예수님은 세상의 길이요 진리요 생명이요 부활이요 영생으로 오신 것이다. 그러므로 예수님이 없는 인생은 살았다 하나 살아 있는 것이 아니요, 죽은 인생이며 여전히 원수 마귀 사단의 지배 하에서 억압받고 포로되고 눌려 있으면서 평생 원수 마귀 사단의 하수인으로 실패하고 좌절하고 슬프고 괴로운 삶을 살며 영원히 멸망받을 수밖에 없다.

이 세상에서 예수님이 없는 인생처럼 불쌍하고 불행한 인생은 없다. 내 힘으로는 이 영적인 깊은 죄악의 감옥에서 나올 수 없으며 내 힘으로는 죄와 사탄과 질병과 사망을 이길 수 없기 때문이다. 이 세상에서 죄와 사탄과 질병과 죽음을 이길 수 있는 사람은 아무도 없다. 그러나 구원의 문이 되시는 예수님을 영접하고 믿고 하나님의 자녀로 사는 사람들은 이 땅에서도 날마다 천국을 누리며 행복하고 평강하고 기쁨과 소망의 삶을 누리면서 살게 된다.

이 세상에서 자신의 운명을 바꾸어 놓을 수 있는 종교는 오직 기독교밖에 없다. 기독교는 살아 있는 종교이기 때문이다. 십자가 복음 앞에서는 죽은 자가 살아난다. 십자가 복음 앞에서는 어떠한 병도 다 고침받는다. 십자가 복음은 가난에서 부유케 한다. 십자가 복음 앞에서는 태산 같은 문제도 다 해결받는다. 예수님을 주인으로 모시고 성령

이 충만한 개인이나 가정은 포도즙이 떨어지지 않고 날마다 잔칫집이다. 기쁨과 행복과 희락이 넘친다.

하나님 아버지께서는 이 세상 모든 사람들이 다 죄악에서 떠나 예수님 믿고 구원받으며 천국 생활을 하길 원하시는 것이다. 주님 안에서 영원토록 복되고 형통하며 승리하며 영혼이 잘됨같이 범사에 잘되며 강건하게 살기를 바라시는 것이 하나님 아버지의 뜻이고 주님의 뜻이다.

원수 마귀 사탄을
무력화시키는 방법

원수 마귀 사탄을 이기기 위해서는 절대로 조그만 틈조차 주어서는 안 된다. 원수 마귀들은 예수님을 믿지 않는 사람들은 어차피 자기들 편이므로 신경을 쓰지 않는다. 원수 마귀 사탄은 믿는 사람들을 넘어뜨리기 위해 항상 엿보고 틈만 나면 쳐들어오기 위해 준비 태세를 하고 있다. 그렇기 때문에 성도들은 마귀에게 틈을 주지 않기 위해서 마귀들이 좋아하는 일을 하면 절대로 안 된다.

마귀들이 하는 짓이란 어떻게든 성도들이 죄짓게 하고 분쟁하게 하고 미워하게 하고 이간질하게 하고 불평하게 하고 근심, 걱정, 두려움을 주고 의심하게 하고 불안하게 하고 허무하게 하고 공허하게 만든다. 그리고 그 틈을 타고 들어와서 성도들에게 고통과 괴로움을 주고 어떻게든지 지옥으로 끌고 가기 위해 용을 쓴다. 그래서 성도들은 마귀에게 마음의 문을 조금이라도 열어주면 안 되고 틈을 주어서도 안 된다.

마귀가 사람의 눈에 보이면서 죄를 짓게 하면 죄를 지을 사람은 아무도 없다. 그러나 마귀는 사람의 눈에 보이지 않는 영물이므로 사람의 생각과 마음을 타고 들어와서 죄짓게 하고 죄를 짓게 되면 마귀는 바로 합법적으로 들어와서 그 사람을 점령하고 도둑질하고 죽이고 멸망시키는 짓만 하기 때문이다. 그러므로 마귀를 이기는 방법은 아무리 작은 죄라도 절대로 지어서는 안 된다. 마귀는 언제라도 쳐들어오기 위해서 틈만 엿보고 있기 때문이다.

그러나 깨끗한 심령 속에는 절대로 마귀가 들어올 수 없다. 이것이 영적인 법칙이다. 그러므로 죄를 짓지 않으면 마귀는 절대로 들어올 수 없는 것을 알아야 한다. 마귀를 이기는 방법은 죄를 짓지 않는 것이며 마귀에게 속지 않는 것이다. 우리들의 하나님 아버지께서는 자녀들에게 항상 좋은 것만을 주시기 위해서 모든 것을 다 예비해 놓으셨다. 믿음과 소망, 사랑, 행복, 축복을 주시고 자녀들이 항상 주 안에서 행복하고 기쁘게 즐겁게 평안한 삶을 살아가도록 한량없는 은혜와 사랑을 베풀어 주신다. 구원을 베풀어 주시고 영생을 주시며 천국에 소망을 갖고 이 땅에서 행복하고 즐겁게 살도록 하신다.

예수님을 믿고 구원을 받은 사람은 사실 이 땅에서 어느 것 하나 부족함 없이 날마다 평강하며 행복한 삶을 살아간다. 그러나 사탄은 어떻게든 하나님의 자녀들을 넘어트리려고 안간힘을 쓰며 유혹한다. 그래서 성도들이 죄에 매여 고통당하게 하고 불안하게 하며 근심과 걱정을 주고 절망적인 생각을 하게 하며 허무하고 공허하게 하면서 끝내 영혼을 도둑질하고 죽이고 멸망시키려 한다.

내 생명의 주인이 예수님이 되시고 나의 마음속에 하나님의 말씀이 풍성히 거하시게 되면 어떠한 유혹도 나를 해치지 못하며 아무리 달콤하고 매혹적으로 좋은 것들이 나를 유인하더라도 속지 않고 이길 수 있다. 그러나 순간적인 달콤한 유혹에 빠져 죄를 짓게 되면 그 댓가는 참혹하고 비참한 결과를 가져오게 된다. 죄와—마귀와—사망과—멸망은 붙어 있는 것이다. 하나님의 형상대로 지음을 받은 사람이 마귀에게 속아서 자기의 생명까지 빼앗기게 된다면 그것처럼 원통하고 어리석은 일이 어디 있겠는가! 그러므로 사람이 이 세상에서나 저세상에서나 영원토록 복되고 형통하며 승리하며 해괴하게 영혼이 잘됨같이 범사에 잘되며 강건하게 사는 길은 오직 예수님 믿고 구원받아 하나님의 자녀로 사는 길밖에는 없다.

동생의 딸

    오늘도 기도를 드리고 있는데 막내 여동생에게서 전화가 왔다. 동생은 상당히 다급하고 떨리는 목소리로 지금 큰일 났다고 하며 혜영이가 아침부터 너무 통증이 심하여 병원 응급실로 가게 되었는데 지금 상당히 위험하다는 것이었다.

    동생은 두 딸이 있는데 큰딸이 결혼을 하여 2년 만에 임신을 하여 이제 한 달 있으면 아기를 출산할 예정인데 갑자기 이런 일을 당하게 된 것이다. 동생은 떨리는 음성으로 어떻게 하면 좋으냐고 울먹이면서 말했다.

    나는 동생의 이야기를 다 듣고 알겠다며 그러나 우리에게는 전지전능하신 하나님이 계시니까 아무 걱정하지 말고 기도를 먼저 드리자고 하며 동생을 안심시켰다. 그리고 전화를 끊고 하나님 아버지께 막 부르짖으며 기도를 드렸다. 우리들의 좋으신 하나님 아버지께서는 죽은 자도 살리시고 사람의 태의 문을 열기도 하시며 닫기도 하시는 전지전능하신 아버지이시니 저 딸을 빨리 이 위급한 상황에서 고쳐 주시고 건져 주시라고 부르짖으며 기도를 드렸다. 나의 기도를 들으시는 주님께서는 곧바로 아무 걱정하지 말아라! 이미 그 딸은 치료되었느니라고 응답을 해주시며 마음속에 강 같은 평안을 주셨다. 나는 곧바로 동생에게 전화를 하여 지금 주님께서 혜영이를 다 고쳐 주셨으니 아무 걱정하지 말라고 하자 동생은 나의 말이 믿어지지 않으므로 계속 초조한 마음으로 걱정만 하고 있는 것이었다.

나는 분명히 주님의 음성을 듣고 응답을 받았으므로 안심하고 평안한 마음으로 기도를 드리고 있는데 동생에게서 또 전화가 왔다. 큰일 났으니 어떻게 하면 좋으냐며 병원에서는 지금 이 환자가 너무 위험한 상태에 있으므로 수술도 하지 못하고 이러지도 저러지도 못한다고 하면서 가족들에게 알리라고 하고 최후통첩을 내렸다고 하는 것이었다.

동생은 타 들어가는 마음으로 울먹이면서 말을 하고 있었다. 내가 아무리 괜찮다고 말을 해도 들리지도 않는 것 같았다.

그래서 나는 알겠다고 하며 내일 병원에 같이 가자고 약속을 하고 겨우 전화를 끊었다.

다음 날 안산에 살고 있는 동생과 만나 동생의 승용차를 타고 천안에 있는 대학병원으로 갔다. 병원에 도착할 때쯤 동생의 사위가 나와서 우리를 안내했다. 나는 처음에 중환자실로 가는 줄 알고 있었는데 입원실로 안내를 하는 것이다. 입원실로 들어서자 동생의 딸이 점심을 먹고 있었다. 점심을 먹고 있는 동생의 딸을 보니 환자 같지 않았고 건강해 보였다. 이모 오셨느냐며 이모도 엄마와 함께 점심식사를 하시라고 하면서 맛있게 식사를 하고 있었다. 나는 조카에게 너의 엄마가 어제께 너 때문에 하도 난리를 치고 걱정을 해서 오늘 널 위해 기도해 주려고 왔다고 하자 동생의 딸은 웃으면서 그러셨느냐고 하며 어제는 정말 의사가 너무 위험하다고 했단다. 나는 조카의 말을 들으면서 어제 주님께서 동생 딸을 만지셨다는 것을 금방 알 수 있었다. 어제의 모든 상황으로 보아 주님께서 만져주시지 않았다면 정말 큰일 날 뻔했던 것이었다.

어제까지만 해도 발을 동동 구르며 울먹이면서 전화를 했던 동생도 자기 딸이 저렇게 씩씩하게 앉아서 식사를 하는 것을 보고는 안심이 되었는지 입가에 웃음을 띠우면서 기분이 좋아진 것 같다.

그래서 우리는 급한 일을 당했을 때에 눈에 보이는 상황들보다 보이지 않는 하나님을 더욱 신뢰하며 믿는 믿음이 중요하며 기도를 드리는 것이 중요한 일인 것을 새삼 깨달았다.

조카의 식사가 다 끝나자 심장 부위에 손을 얹고 주님께 간절히 기도를 드리고 돌아왔다. 다음 날 오후에 동생에게서 밝고 환한 목소리로 전화가 왔다. 오전에 혜영이가 퇴원을 했다고.

이 땅에 살고 있는 사람들은 때때로 예기치 못한 태산 같은 문제에 부딪힐 수도 있고 어느날 갑자기 사형선고를 받을 수도 있지만 우리 모든 사람들을 하나님의 형상대로 창조하시고 낳아주신 좋으신 아버지께서는 우리의 체질을 아시고 어떠한 태산 같은 문제도 다 해결해 주시는 전능하신 살아계신 신이시다. 그러므로 하나님을 믿는 믿음만이 중요하다고 본다.

벧전 5:7 너희 염려를 다 주님께 맡기라. 이는 그가 너희를 돌보심이라.

벧전 2:24 그가 채찍에 맞음으로 너희는 나음을 얻었나니

사촌 동생

　　　　　　　　　　교회에 갔다 오면서 오랜만에 사촌 언니를 만나게 되었다. 그의 동생이 암으로 병원 중환자실에 입원해 있다고 한다. 나에게는 사촌 동생인 셈이다. 나는 당장 사촌 언니와 약속을 하고 이튿날 병원 중환자실에 누워 있는 사촌 동생에게로 달려갔다. 나는 누워 있는 사촌 동생에게 예수님을 믿으라고 복음을 전하고 예수님을 믿기만 하면 주님은 죽은 자도 살리시므로 병도 깨끗이 낫게 해주시고 새롭게 건강한 몸으로 살아갈 수 있다고 하며 말씀을 읽어주고 그의 몸에 손을 얹고 기도를 드려주었다.

　그런데 그는 내가 하고 있는 하나님 말씀과 기도를 믿지 않는 표정이었고 손을 얹고 기도를 드리는 중에 5분도 안 되었는데 귀찮다는 듯이 빨리 기도를 끝내라는 표정을 지었다. 그러나 나는 간절히 기도를 드리며 빨리 치유가 되어서 건강한 몸으로 퇴원하게 해달라고 기도를 드렸다. 그리고 집으로 돌아왔는데 다음 날 사촌 언니에게서 전화가 왔다. 동생이 입원실로 올라갔다고 했다. 그 후 얼마 동안 입원해 있다가 퇴원해서 집으로 돌아갔다는 소식을 듣게 되었다.

나는 하나님 아버지께서 그를 불쌍히 여기시고 주님께서 그때 피 묻은 손으로 안수해 주셨다고 생각했다. 그러나 그의 믿음 없는 것이 이내 아쉽고 답답한 생각이 들었다. 그리고 그 후 오랜만에 사촌 언니에게 소식을 듣기를 그가 7주일 전에 사망했다는 것이다. 나는 깜짝 놀라고 안타깝다는 생각이 들었다. 하나님은 죽은 자도 살리시는데 그때 한 번 고쳐주셨을 때 진심으로 예수님을 믿고 믿음으로만 바로 살았어도 그는 절대로 그렇게 죽지 않았을 텐데라는 생각이 많이 들었다.

그는 하나님을 믿는 믿음이 전혀 없었다. 내가 저번에 그렇게 간절하게 복음을 전하고 기도를 드렸을 때에도 믿음을 받아들이지 않았고 나를 상당히 무시하는 태도를 보였었다. 하나님 아버지께서는 전지전능하신 신이시고 영이시므로 믿는 사람들을 통해서 역사하시고 치유하시고 일하시며 하나님 됨을 나타내신다. 그러나 그때 사촌 동생은 내 속에서 나와 함께 하시며 나를 통해서 치유하시는 하나님을 보지 못하고 겉으로 보기에는 보잘것없고 초라하기만 한 나를 보면서 믿음을, 복음을 받아들이지 않았고 무시했다.

믿음이 없이는 역사가 일어나지 않는 것을 나는 너무도 많이 보았고 체험했다. 며칠밖에 살 수 없었던 중환자도 그를 위해서 간절히 안수하며 복음을 넣어주고 기도했을 때 그가 하염없이 눈물을 흘리며 아멘 아멘하며 복음을 받아들이며 믿음을 가졌을 때 그는 급속한 치료를 받고 며칠 후에 그 병에서 깨끗이 고침을 받고 건강한 몸으로 돌아왔다. 죽을병에 걸렸다 하더라도 그가 진심으로 주님을 영접하고 믿고 주님께 간절히 기도를 드렸을 때 그가 그 죽을병에서 완전히 놓임을 받고 완쾌되어 돌아온 예는 너무나 많다.

이천 년 전이나 지금이나 주님께서는 동일하게 살아계셔서 역사하고 계신다. 이천 년 전에 예수님께서는 육체를 가지시고 직접 일하시고 치유하시고 천국 복음을 전하셨었는데 예수님께서 십자가에서 구원 사역을 다 이루어 놓으시고 부활 승천하신 후에는 보혜사 성령님을 보내 주셔서 지금은 성령의 시대에 살고 있다.

지금은 보혜사 성령님께서 신실한 믿음의 사람들 안에서 그때 예수님께서 하셨던 일을 동일하게 하고 계신 것이다. 지금 이 순간도 보혜사 성령님께서는 신실한 그리스도인들과 함께 계셔서 어느 곳에서든지 병든 자를 고치시고 죽은 자를 살리시며 태산 같은 문제들을 해결해 주시고 회개하고 예수님을 믿고 구원받은 하나님의 백성들을 돌보시고 지키시고 사랑하시고 축복해 주시고 생명의 길로 진리의 길로 인도해 주시고 있다.

하나님 아버지께서는 모든 인생들이 죄의 길에서 떠나 예수님을 믿고 구원받아 살기를 바라시며 이 땅에서도 행복하고 즐겁게 기쁘게 복되고 형통한 삶을 즐기며 건강한 삶을 살기를 바라신다.

요삼 1:2 　사랑하는 자여 네 영혼이 잘됨같이 네가 범사에 잘되고 강건하기를 내가 간구하노라.

행 4:12 　다른 이로써는 구원을 받을 수 없나니 천하사람 중에 구원을 받을 만한 다른 이름은 우리에게 주신 일이 없음이라 하였더라.

구원은 오직 예수 그리스도를 믿음으로만 받을 수 있다. 그러므로 구원을 받는 길은 힘들고 어려운 것이 아니다. 단순하다. 그리고 위대하다. 이 세상에 많고 많은 사람들이 살고 있지만 구원받지 못한 사람처럼 불쌍하고 불행한 사람은 없다. 예수님을 믿고 구원을 받은 삶은 사실상 이 땅에서도 날마다 천국을 누리며 즐겁고 기쁘게 행복하게 살아간다.

나의 사촌 동생 같은 경우 그는 50대의 비교적 젊은 나이였다. 체격도 건장하고 건축 일을 하고 있었다. 그가 예수님을 영접하고 진실한 마음으로 믿기만 했어도 30년은 더 건강하게 잘 살 수 있었을 터인데 그는 끝내 믿음을 갖지 못했고 오직 병원만을 의지하며 살다가 결국 세상을 떠나게 되었다.

예수님을 믿는 믿음이 없이는 어떠한 기적도 기대할 수 없고 기적은 일어나지 않는다. 그러나 세상 최고의 의학으로도 할 수 없는 그것을 하나님은 얼마든지 하실 수 있으시며 지금 이 순간에도 하나님 아버지께서는 수많은 사람들의 영, 혼, 육을 치료해 주시며 살리시고 건져 주시고 계신다.

그러므로 믿음을 갖는 것만이 중요하다. 믿음이란 천지 만물을 창조하시고 온 인류의 아버지가 되시며 전지전능하신 살아계신 신을 믿는다는 의미이다. 하나님 아버지의 권능을 믿는 것이 믿음이다.

렘 10:10~12 오직 하나님은 참 하나님이시오 살아계신 하나님이시오 영원한 왕이시라 만물의 조성자 만군의 여호와께서 그의 권능으로 땅을 지으셨고 그의 지혜로 세계를 세우셨고 그의 명철로 하늘을 펴셨으며

언제 어디서나
치료해 주시는 주님

아침에 핸드폰을 열어보니 폰의 기능이 안 되어서 핸드폰을 구입한 가게에 갔다. 가게를 들어서니 아가씨가 기침을 콜록콜록하면서 하는 말이 어제 저녁부터 갑자기 온몸에 열이 나고 기침을 많이 하게 되어서 어제 아주대 병원 응급실에 밤새 있다가 오늘 아침에 응급실을 나왔다며 쪼그리고 앉아 괴롭게 기침을 하는 것이었다. 나는 당장 아가씨의 머리에다 가슴에다 손을 얹고 축사의 기도를 드렸다. 축사의 기도가 끝나자 아가씨는 아멘하고 자리에 돌아가 앉았다. 나는 볼일을 다 보고 집으로 돌아왔다.

며칠 뒤에 또 폰 가게에 들릴 일이 있어 갔는데 갑자기 아가씨가 "저기요, 저번에 오셨을 때 날 위해 기도해 주셨잖아요. 그런데 그때 기도받고 깨끗이 나았어요." 하면서 신기하다는 듯이 나를 보고 말하는 것이었다. 그러면서 종일토록 병원 응급실에 있었어도 낫지 않았었는데 한 번의 기도로 어떻게 그렇게 깨끗이 낫게 되었는지 너무도 신기하고 감사하다는 표현을 하는 것이었다.

세상 종교로는
구원을 받을 수 없다

세상 사람들이 만들어 놓은 철학과 종교로는 구원받을 수 없다. 철학과 종교는 철학이고 종교일 뿐이다. 영혼이 없는 몸이 죽은 것같이 성령이 없는 몸은 죽은 몸이라고 눅 9:6은 말씀하신다.

기독교는 회개하지 않고는 주님을 만날 수 없다. 육신의 생각으로는 주님을 만날 수 없다. 세상에서 교회를 다니는 사람은 많이 있다. 그러나 실제로 주님을 만나고 주님만이 나의 생명의 주인이라고 믿고 의지하며 영접하고 교회를 다니는 사람은 그리 많지 않다. 많은 사람이 형식적이고 관념적으로만 예수님을 믿는다고 하며 교회를 다니는 것을 볼 수 있다. 성령은 거룩한 영이시기 때문에 회개하지 않고는 성령께서 내 안에 들어오실 수가 없다. 육신적인 생각으로는 또는 죄인의 눈으로는 주님을 만나지 못한다.

롬 8:6   육신의 생각은 사망이요 영의 생각은 생명과 평안이니라 회개는 내가 죄인이라는 것을 깨닫는 순간부터 시작된다. 죄인의 운명을 갖고 태어난 모든 인간은 여하를 막론하고 예수님의 십자가 피 흘림으로서만 죄사함을 받을 수 있고 영생을 얻을 수 있다고 성경은 말씀하고 계신다.

기독교만 구원이 있는 것은 천지와 만물을 창조하신 전지전능하신 하나님이신 예수 그리스도께서 육신을 입으시고 이 땅에 내려오셔서 온 인류를 죄와 사망 멸망에서 구원하시기 위해 십자가에서 참혹한 고난을 당하시고 피 흘려주심으로 십자가의 피로서 죄사함을 받을 수 있게 하셨기 때문이다. 주님께서 십자가에 못 박혀 죽으시고 삼일 만에 부활하심으로 부활의 첫 열매가 돼 주셨다. 그러므로 피 흘림이 없는 곳에는 구원이 없고 부활이 없고 영생이 없다고 성경은 말씀하고 계신다.

이 땅에 수많은 종교가 있지만 하늘에서 내려와 세상에 구원을 주고 영생을 얻을 수 있는 종교는 오직 기독교뿐이다. 예수 그리스도의 십자가 피 흘림이 있는 곳에만 죄사함이 있을 수 있고 구원이 있고 영생이 있다고 성경은 말씀하신다. 세상 종교 모두가 사람들이 만들어 놓은 우상이고 허상일 뿐이다.

행 4:12   다른 이로서는 구원을 받을 수 없나니 천하 인간에 구원을 받을 만한 다른 이름을 우리에게 주신 일이 없느니라.

사 43:10~13   나의 전에 지음을 받은 신이 없었느니라 나의 후에도 없으리라 나 곧 나는 여호와라 나 외에 구원자가 없느니라 내가 알려 주었으며 구원하였으며 보였고 너희 중에 다른 신이 없었나니 그러므로 너희는 나의 증인이요 나는 하나님이니라 여호와의 말씀이니라 과연 태초로부터 나는 그이니 내 손에서 건질 자가 없도다 내가 행하리니 누가 막으리요.

사 45:21 나 외에 다른 신이 없나니 나는 공의를 행하며 구원을 베푸는 하나님이라 나 외에 다른 이가 없느니라.

40년 된 우울증
정신병을 고쳐 주시다

나의 남동생은 어렸을 적부터 성품이 조용하고 점잖고 생각이 깊고 재능도 많았다. 동네 할머니들은 우리 엄마보고 열 아들이 부럽지 않다고 하며 아들 하나는 잘 두었다고 나의 남동생을 칭찬해 주었다. 나의 동생은 공부도 잘하고 학교에서도 모범생으로 불려졌다. 당시에는 중학교, 고등학교를 시험 치고 들어갔다. 동네에서 8명의 학생이 고등학교 시험을 쳤는데 7명은 떨어지고 내 동생만 합격해서 혼자서 먼 곳으로 통학을 하게 되었다. 당시 시골에는 전깃불도 없고 버스도 다니지 않았으므로 걸어서 또는 자전거를 타고 통학을 해야 했다. 당시 동생은 꿈과 포부가 컸던 만큼 서울에 있는 일류 대학에 갈 목적으로 열심히 공부를 했다. 학교에서 수업이 끝나게 되면 도서실에 가서 공부를 하곤 했다.

그런데 어느 날 자정이 다 되어 도서실을 나와 집으로 오는 길에 못된 깡패를 만나게 되었다. 그들은 처음에 돈을 요구하였다. 시골 학생이 무슨 돈이 있겠는가. 깡패들은 동생을 산으로 끌고 가서 거의 죽도록 폭행하였다. 하마터면 목숨을 잃을 뻔하였다. 그중 한 사람이야, 우리가 남의 귀한 목숨까지 빼앗을 필요가 있느냐며 살려주자고 하여 겨우 목숨을 건지고 집으로 오게 되었다. 동생이 올 때가 되었는데도 오지 않자 부모님이 마중을 나갔고 온몸과 얼굴이 땀에 푹 젖은 채로 오고 있는 동생을 만나게 되었다. 왜 이리 늦게 오냐고 물어봐도 아무런 대답도 하지 않은 채 자기 방으로 들어갔다고 한다.

아침에 학교에 갈 시간이 되어도 일어나지도 않고 무언가 중얼중얼하며 누워 있었다고 나중에 엄마에게 들을 수 있었다. 이때 상호는 너무 놀란 나머지 정신을 빼앗기고 있었던 것이다. 빨리 치료를 해주었어야 했는데 부모님은 아무것도 모르고 무조건 학교만 가라고 다그쳤다. 밤새 잠 한잠 못 자고 무언가에 시달린 채로 학교에 가서 공부가 될 리가 없었다. 공부 시간에 졸기만 했다. 정상을 벗어났던 것이다. 더 이상 수업을 할 수 없으므로 2학년 때 학교를 그만두게 되었다.

이때는 우리가 예수님을 전혀 알지 못했을 때였다. 대대로 내려오는 우상과 불교에 젖어서 살고 있었다. 나중에 내가 예수님을 믿게 되었다. 집에서 할 일 없이 술과 담배로 날을 보내고 있는 동생을 오산리 최자실 금식기도원으로 데리고 갔었다.

기도원은 참으로 성령이 충만했었다. 동생은 기도원 예배에 꼬박꼬박 참석하며 많은 은혜를 받았다. 금식도 3일쯤 한 것 같다. 하나님께서는 동생을 나날이 치료해 주시고 많은 은혜를 받게 해주셨다. 동생의 얼굴이 얼마나 밝고 환하던지 어떤 분은 동생에게 혹시 전도사님이냐고 묻기도 했었다.

은혜를 받고 믿음도 생기게 되었는데 내가 동생에게 일생일대의 실수를 저지르고 말았다. 큰 은혜받는 동생에게 잠깐 집에 가서 쉬었다가 오자고 했다. 동생은 분명하고 또렷하게 말했다. 정신이 조금 안 좋았는데 이곳에 오니까 공기도 좋고 물도 좋고 말씀도 좋아서 조금만 더 있으면 깨끗이 나을 것 같다며 누나 혼자 집에 가라고 애원을 하는 것이다. 더 있고 싶다는 말을 무시하고 경비원 아저씨에게까지 부탁하여 억지로 기도원 버스에 태웠다. 이때의 실수로 나는 평생 후회를 하며 가슴을 치는 아픔을 겪어야만 했다. 집으로 오게 된 동생은 믿지 않는 사람들 속에서 살다 보니 또 술과 담배를 하게 되었고 할 일 없이 시간을 보내게 되었다. 아무런 희망과 낙이 없으니 술과 담배는 날이 갈수록 늘어갔고 이제는 통제를 할 수 없었다. 나는 다시 좋은 기도원이 있다 해서 억지로 보내게 되었고 얼마 있지 않아 기도원에서 전화가 와서 가보니 얼굴 형체를 알아볼 수 없을 정도로 피골이 상접해 있었다. 할 수 없이 집으로 다시 오게 되었고 다시 술과 담배만을 일삼게 되었다. 다시 다른 기도원을 보내기를 반복할 수밖에 없었다.

그러나 어느 곳을 가도 조금도 호전되지 않았다. 오히려 형체를 알아볼 수 없을 정도로 뼈와 가죽만을 입혀 놓은 것 같았다. 어느 때는 물 한 모금도 넘길 수 없게 되었다. 급기야 병원으로 가게 되었는데 오늘 하루 저녁을 넘길 수 없다고 말하기도 했다. 죽을 고비를 수도 없이 넘기게 되었다. 그 후 나는 안타까운 마음과 눈물을 많이 흘려야만 했다. 똑똑하고 두뇌가 우수했던 동생을 하나님께서 깨끗이 치료해 주시고 영광받기 위해서 붙잡고 계셨는데 내가 알지 못해서 그런

엄청난 실수를 저질렀던 셈이다.

세상 사람들은 이런 병은 병원에서 절대 고칠 수 없는 병이라고 한다. 평생을 가지고 갈 수밖에 없는 병이라고 한다. 나는 전적으로 하나님을 의지하고 기도를 드렸다. 전능하시며 좋으신 하나님께서 동생을 만지시기 시작하셨다. 동생은 점차적으로 좋아지고 이제는 깨끗이 치료되어 정상적으로 생활을 잘하며 교회도 열심히 잘 다니고 있다. 옛날에 내가 철이 없을 때 기도는 하지 않고 이 기도원 저 기도원만 전전하며 다니게 했을 때는 치료가 되지 않고 갈수록 힘들어져 갔다. 기도의 골방에 들어온 이후부터 오직 기도에 매달렸을 때에 하나님께서 나의 동생 상호를 깨끗이 치료해 주시고 정상으로 돌아오게 하셨다. 지금은 동생이 하나님 말씀을 열심히 읽고 필사하고 찬송가를 듣고 클래식이나 오페라를 즐기며 탁구도 당구도 선수 못지않게 잘 친다.

막 9:23   할 수 있거든이 무슨 말이냐 믿는 자에게는 능히 하지 못할 일
          이 없느니라.

막 9:29   이르시되 기도 외에 다른 것으로는 이런 종류가 나갈 수 없느
          니라 하시니라.

요 3:5

진실로 진실로 네게 이르노니 사람이 물과 성령으로 나지 아니하면 하나님의 나라에

들어갈 수 없느니라.

4

하나님의
자녀로
태어나다

하나님을 믿고 교회를 다니는 사람은 많다.
그러나 물과 성령으로 거듭난 사람은 그리 많지 않다.
거듭나기 위해선 지금까지 살아오면서 가지고 있던
모든 육신적인 생각과 죄의 습성과 자아를 완전히 버려야만 한다.

죄

이 세상에서 사람이 살아가는 데 있어서 죄만큼 무섭고 두려운 것은 없다. 죄-죽음-멸망-지옥은-붙어 있다. 핵무기나 원자폭탄이나 지진이 일어나는 것이나 그 어떤 것보다도 죄가 가장 더럽고 무섭고 두려운 것이다. 죄는 마귀 사탄이 주는 것이다. 마귀 사탄이 하는 짓이란 사람을 속이고 어떻게든 죄짓게 만들어서 멸망시키고 죽이고 지옥으로 끌고 가는 것이기 때문이다.

요 10:10 도적이 오는 것은 도둑질하고 죽이고 멸망시키려는 것뿐이요 내가 온 것은 양으로 생명을 얻게 하고 더 풍성히 얻게 하려는 것이라.

하나님 아버지의 뜻은 모든 인생이 이 땅에서 서로 사랑하며 평화스럽게 행복하고 건강하게 기쁘고 즐겁게 서로 돕고 도우며 복되고 형통하며 강건한 삶을 살아가기를 바라신다. 그러나 마귀 사탄이 하는 짓이란 항상 죄짓게 하고 억울하고 분하게 하고 분쟁하게 하고 자존심을 내세우게 하고 근심, 걱정, 두려움, 의심 갖게 하고 불안하고 불평하게 하고 미워하게 하고 용서하지 못하게 하고 소망이 없게 하고 허무하게 하고 공허하게 하면서 끝내 멸망시키고 죽음으로까지 몰고 가게 된다. 그래서 하나님의 형상대로 지음받은 사람은 절대로 사탄 마귀의 꾐에 빠져서는 안 된다. 이 땅에 살고 있는 사람들에게는 누구에게나 항상 바로 눈앞에 선악과가 놓여 있다. 사람은 항상 선악과를 선택하며 살아갈 자유 의지가 있는 것이다. 선택은 항상 본인이 한다. 모든 인생의 길이요 진리요 생명이요 부활이요 영생이신 예수 그리스도를 믿고 영원토록 복되고 형통하며 날마다 생명력이 넘치는 행복한 삶을 살든지 아니면 마귀를 붙잡고 따라가며 날마다 한숨 쉬며 실패하며 괴로운 삶을 살든지 선택은 본인이 한다.

교만한 사람일수록 하나님을 믿기가 힘들다. 자기가 모든 것을 다 알고 할 수 있다고 생각한다. 그러나 두뇌가 아무리 우수하고 박사 학위 열 개를 받았다 하더라도 하나님을 알지 못하면 결국 마귀를 만나게 된다. 마귀를 쫓아가게 되면 결국 인생은 파멸과 실패와 멸망으로 끝날 수밖에 없다. 수많은 사람들이 마귀의 속임수에 빠지게 되는 것은 겉은 보암직도 하고 탐스럽기도 하고 화려하고 근사하고 너무 좋아 보이기도 하므로 빠지게 되지만 그 포장 속에는 악독이 가득하고 생명을 도둑질하고 멸망으로 끌고 가기 위한 마귀 사탄 뱀으로 가득 차 있다. 그래서 성경은 악은 그 모양이라도 버리라고 하는 것이다.

시편 1:1~6 복 있는 사람은 악인들의 꾀를 따르지 아니하며 죄인들의 길에서지 아니하며 오만한 자들의 자리에 앉지 아니하고 오직 여호와의 율법을 즐거워하며 그의 율법을 주야로 묵상하는도다. 그는 시냇가에 심은 나무가 철을 따라 열매를 맺으며 그 잎사귀가 마르지 아니함 같으니 그가 하는 모든 일이 다 형통하리로다. 악인들은 그렇지 아니함이며 오직 바람에 나는 겨와 같도다. 그러므로 악인들은 심판을 견디지 못하며 죄인들이 의인들의 모임에 들지 못하리로다. 무릇 의인들의 길은 여호와께서 인정하시나 악인들의 길은 망하리로다.

골 1:13~14 그가 우리를 흑암의 권세에서 건져 내사 그의 사랑의 아들의 나라로 옮기셨으니 그 아들 안에서 우리가 속량 곧 죄사함을 받았도다.

창세 이후로 구약시대 사람들이나 지금 현세대를 살아가고 있는 사람들이나 수많은 사람들이 당장 눈앞에 있는 가장 중요하고 급박한 것은 잊어버리고 헛되고 헛된 것에 목숨을 걸고 달려가는 것을 볼 수 있게 된다. 이 세상을 살아가고 있는 누구에게나 종말은 오기 마련이다. 개인적인 종말이나 전 인류의 종말이나 누구든지 종말을 맞게 되는 것이다. 개인적인 종말을 맞는 사람에게는 오늘이라는 날이 너무나도 중요하고 급박한 시간이 아닐 수 없다. 개인적인 종말을 맞는 사람에게 있어서 오늘이라는 날은 두 번 다시 오지 않기 때문이다. 그러므로 본인에게 주어진 오늘이라는 시간 속에서 구원받지 못하고 내일이라도 당장 세상을 떠나게 된다면 그는 영원히 멸망받은 것이며 세세토록 지옥에서 참혹한 고통과 괴로움을 받으며 살아야 하는 것이다.

하나님 아버지께서는 전 인류 가운데 한 사람도 빠짐없이 모든 영혼들이 다 구원받기를 바라신다. 그래서 태초에 천지 만물을 창조하신 하나님이신 예수 그리스도께서 육신을 입으시고 이 땅에 내려오셔서 온 인류의 죄값을 치러 주시기 위해서 십자가에서 못 박히시고 온 몸이 갈기갈기 찢어지는 참혹한 고통을 당하셔야만 했고 피 흘리셔야 했다. 그러므로 구원은 예수님의 십자가 피 흘림이 있는 곳에만 있다.

행 16:31 주 예수를 믿으라 그리하면 너와 네 집이 구원을 받으리라.

행 4:12 다른 이로서는 구원을 받을 수 없나니 천하사람 중에 구원을 받을 만한 다른 이름을 우리에게 주신 일이 없음이라 하였더라.

히 9:27 한 번 죽는 것은 사람에게 정해진 것이요 그 후에는 심판이 있으리니

회개한 자에게
천국이 임한다

마 3:2　회개하라 천국이 가까이 왔느니라 하였으니

　수많은 사람들이 질병으로 많은 문제들로 괴로움을 겪고 있다. 많은 사람들이 질병과 불치병에서 고침받고 건강하고 활기차게 행복한 삶을 살기를 원한다. 모든 사람들의 병을 병원에서는 다 고칠 수 없다. 최고의 의학과 의술에도 한계가 있다.

　그러나 분명한 것은 최고의 의술이 고치지 못하는 병일지라도 하나님께서는 못 고칠 질병이 하나도 없으시다. 죄와 사단과 질병과 죽음은 붙어 있다. 죄를 회개하지 않는 이상 마귀와 질병은 떠나가지 않고 치유될 수 없다. 회개하지 않는 이상 질병은 치유받을 수 없고 죽음을 이길 수 없다. 마귀는 죄가 있는 곳에 합법적으로 들어와서 온갖 질병을 주고 고통과 괴로움을 준다. 그러나 내가 하나님 말씀을 깨닫고 진리를 깨닫고 내가 하나님 앞에서 얼마나 큰 죄인인가를 깨닫고 회개하고 통회자복하며 애통할 때 그리고 하나님이신 예수 그리스도께서 나의 죄를 대속해 주시기 위해서 십자가에서 피 흘려주시고 고난당하시고 죽으셨다가 삼일 만에 부활하신 것을 믿고 예수님을 나의 속에 주인으로 영접하고 믿을 때 원수 마귀는 나에게서 떠나가게 되고 질병은 완벽하게 치유된다. 원수 마귀 사단이 쫓겨나가지 않는 이상 치유는 되지 않는다.

그러므로 항상 십자가 보혈 공로를 의지하며 회개가 우선되어져야만 모든 질병의 문제에서 해결받고 깨끗이 고침받을 수 있다. 예수님께서는 이 세상 모든 사람들이 원수 마귀 사단에게 매여 괴로움 당하는 것을 아시고 이천 년 전에 십자가에서 생명을 주시면서 모든 인생들의 문제를 다 해결해 놓으셨다.

우리 인간의 힘으로는 죄를 이길 수 없고 원수 마귀 사단을 이길 수 없으므로 하나님 아버지께서는 이천 년 전에 예수님을 이 땅에 보내 주심으로 온 인류의 죄악을 예수님께 다 담당시키셨다.

그러므로 원수 마귀 사단은 십자가 앞에서 고꾸라지고 깨트려지고 파쇄되어 혼비백산하여 줄행랑을 칠 수밖에 없는 것이다. 하늘과 땅, 이 우주 가운데에서 십자가를 뛰어넘을 수 있는 것은 아무것도 없다. 예수 그리스도께서는 십자가에서 죄와 죽음, 원수 마귀 사단을 다 이기시고 영원히 승리하신 것이다. 그러므로 십자가 앞에서 원수 마귀 사단은 예수님의 피 값으로 산 성도들의 생명을 건드릴 수 없으며 질병을 가져다줄 수도 없다. 회개하고 예수님을 영접하고 믿는 성도들에게는 심령 속에 예수님의 십자가의 피가 있으므로 원수 마귀 사단들은 무서워서 옆에 얼씬도 하지 못한다.

그러므로 회개하고 예수님을 나의 생명의 주인으로 모시고 사는 사람들은 신비의 사람이며 승리의 사람이며 이 세상 그 무엇과도 비교할 수 없는 최상의 것을 가진 사람이다. 그러나 기독교 신앙을 가진 사람일지라도 진정한 회개 없이는 하나님을 만날 수 없고 죄에서 자유로울 수 없고 평안이 없고 기쁨과 즐거움이 없고 소망이 없고 원수 마귀를 이길 수 없고 질병에서 완벽한 고침을 받을 수 없다. 진정으로 회개하지 못한 심령은 원수 마귀들의 집이 되고 놀이터가 되기도 한다. 그러나 회개한 심령 안에는 거룩한 성전이 아름답게 지어져 가게 되는 것이다.

죄와-죽음과-
멸망과-지옥

인생에서 가장 중요한 3가지가 있
다. 첫 번째로 중요한 것은 지금 내가 죄에서 떠나 회개하고 예수님
을 믿고 구원을 받았나 하는 것이다. 두 번째로 중요한 것은 지금 내
가 어디에서 살며 무엇을 생각하며 무슨 일을 하면서 사는가 하는 것
이다. 세 번째로 중요한 것은 지금 내가 살아계신 하나님 앞에서 살고
있다는 것과 내가 이 세상에서 하고 있는 모든 일들과 행위가 천국 카
메라에 다 찍혀 천국의 생명록에 행위록에 낱낱이 다 기록이 된다는
사실이다.

사람이 이 세상에 태어나서 예수님을 믿고 구원을 받는 것보다 더
급하고 중요한 일은 없다. 예수님을 믿고 구원을 받는 것은 어마어마
한 신분의 변화를 받는 것이다. 육신의 사람에서 영의 사람으로, 세상
적인 신분에서 하늘나라의 시민권자로, 마귀의 자식에서 하나님의 자
녀로 태어나는 것이다. 죄에 매여서 포로가 되었던 자리에서 참 자유
를 얻고 사랑의 나라로, 평화의 나라로 옮겨지게 된 것이다. 마귀에게

매여 포로가 되었을 때에는 죽임당하고 속고 **빼앗기고** 질병으로 고통 당하고 가난하고 한숨 쉬며 불안하고 초조하며 잠시 잠깐도 참 자유 와 평안과 행복과 안식을 누리지 못했지만 예수님을 믿고 구원을 받고 신분의 변화를 받은 후로는 날마다 영혼이 잘됨같이 범사에 잘되며 형통하며 강건하게 온갖 축복을 받으며 살게 된다.

약 1:17 　온갖 좋은 은사와 온전한 선물이 다 위로부터 빛들의 아버지께 로부터 내려오나니 그는 변함도 없으시고 회전하는 그림자도 없 으시니라.

　예수님을 믿고 구원을 받게 되면 이 세상에서 결코 얻을 수 없고 줄 수 없는 하늘나라의 온갖 좋은 것들을 가득 받게 된다. 말로 다 형 용할 수 없는 놀라운 은혜와 선물들로 가득 찬다. 예수님은 누구신가! 온 인류를 죄와 사망, 지옥, 멸망에서 구원해 주시기 위해서 이 땅에 내려오신 하나님이시고 십자가에서 온 인류에게 영생을 주시기 위해 서 고난당하시고 죽으셨다가 삼일 만에 부활하신 구세주이시다. 예수 님은 십자가에서 사망 권세를 깨트리시고 이기시고 영원히 승리하신 살아계신 하나님이시다. 그래서 예수님만이 모든 인생의 길이요 진리 요 생명이요 부활이요 영생이 되시는 것이다. 예수님은 캄캄한 흑암 속에 **빠져** 있는 세상에 참 빛으로 살아 있는 생명으로 내려오셨다.

요 6:33~35 　하나님의 떡은 하늘에서 내려 세상에 생명을 주는 것이니라 예수께서 이르시되 나는 생명의 떡이니 내게 오는 자는 결코

주리지 아니할 터이요 나를 믿는 자는 영원히 목마르지 아니하리라.

요 6:47   진실로 진실로 너희에게 이르노니 믿는 자는 영생을 가졌나니 내가 곧 생명의 떡이니라.

예수님을 믿는 것은 누구에게나 절대적으로 꼭 필요하다. 예수님 없이 사는 것은 물고기가 물을 떠나서 사는 것과 같다. 예수님을 믿고 구원과 영생을 받는 것 외에 다른 것으로는 이 세상 어디에도 구원을 받을 수 있는 것은 없다. 세상 종교는 다 사람들이 만들어 놓은 거짓되고 헛된 것이다. 이 세상에서 죄와 사망, 지옥, 멸망을 이기시고 승리한 종교는 오직 예수 그리스도밖에 없다.

행 4:12   다른 이로서는 구원을 받을 수 없나니 천하 인간에 구원을 받을 만한 다른 이름을 우리에게 주신 일이 없느니라.

요일 2:2   그는 우리 죄를 위한 화목 제물이니 우리만 위할 뿐 아니요 온 세상의 죄를 위함이니라.

요일 5:11~12 하나님이 우리에게 영생을 주신 것과 이 생명이 그의 아들 안에 있는 그것이니라 아들이 있는 자에게는 생명이 있고 하나님의 아들이 없는 자에게는 생명이 없느니라.

요일 5:20 하나님의 아들이 이르러 우리에게 지각을 주사 우리로 참된 자를 알게 하신 것과 또한 우리가 참된 자 곧 그의 아들 예수 그리스도 안에 있는 것이니 그는 참 하나님이시오 영생이시라.

죄가 얼마나 무서운가 하면 죄의 댓가는 영원히 멸망을 받을 수밖에 없기 때문이다. 세상에서 죄같이 무섭고 더럽고 추악하고 창피하고 냄새나고 고통과 괴로움을 주는 것은 없다. 죄와 마귀와 사망과 지옥과 멸망은 붙어 있다. 사람이 이 땅에서 이렇게 쾌적한 환경 안에서 살면서도 어떤 질병이나 문제를 만나 잠시 잠깐 당하게 되는 괴로움도 견디기 힘든데 지옥에서는 아무리 몸이 아프고 사나운 벌레들이 온몸을 뜯어먹고 뱀이 온몸을 칭칭 감고 뜨거운 불꽃이 나를 태워도 어디 한 곳 피할래야 피할 곳이 없고 숨을래야 숨을 곳도 없으며 호소할 곳도 없으며 사방은 캄캄한 흑암으로 덮어져 있고 빠져나올 수 있는 출구는 어디에도 없다.

내일도 희망도 미래도 없고 사방은 온갖 무서운 짐승과 벌레들과 마귀들이 사람을 괴롭히기 위해서 잠시도 쉬지 않고 사람을 뜯어먹고 무서운 고문을 하며 지독한 냄새로 인해 당장 질식할 것만 같아도 죽지 않고 너무나도 고통스럽고 괴로워 죽고 싶지만 죽음이 피해가고 죽을래야 죽을 수도 없고 세세토록 죽지 않고 이 고통과 괴로움을 당하면서 사는 곳이 지옥이다.

마 10:28   몸은 죽여도 영혼은 능히 죽이지 못하는 자들을 두려워하지 말고 오직 몸과 영혼을 능히 지옥에 멸하실 수 있는 이를 두려워하라.

막 9:48   거기에는 구더기도 죽지 않고 불도 꺼지지 아니하느니라 사람마다 불로써 소금 치듯 함을 받으리라.

그럼 이 무서운 지옥에는 누가 가나! 성경에서는 믿지 않는 자들, 우상 숭배자들, 살인자, 동성애자, 거짓 선지자들, 삯군 목자들, 거짓 말하는 자들, 흉악한 자들이라 한다.

롬 1:29~32 곧 모든 불의, 추악, 탐욕, 악의가 가득한 자요 시기, 분쟁, 사기, 악독이 가득한 자요 수군수군하는 자요 비방하는 자요 하나님께서 미워하시는 자요 능욕하는 자요 교만한 자요 자랑하는 자요 악을 도모하는 자요 부모를 거역하는 자요 우매한 자요 배약하는 자요 무정한 자요 무자비한 자라 그들이 이같은 일을 행하는 자는 사형에 해당한다고 하나님께서 정하심을 알고도 자기들만 행할 뿐 아니라 또한 그런 일을 행하는 자들을 옳다 하느니라

누구든지 내 힘으로는 도저히 예수님을 믿고 구원받을 수 없다. 하나님 아버지께서 만세 전에 나를 택하시고 지으시고 부르시고 구원시켜 주신 것이다.

시편 100:3~4 여호와가 우리 하나님이신 줄 너희는 알지어다. 그는 우리를 지으신 이요 우리는 그의 것이니 그의 백성이요 그의 기르시는 양이로다. 감사함으로 그의 문에 들어가며 찬송함으로 그의 궁정에 들어가서 그에게 감사하며 그의 이름을 송축할지어다.

하나님 아버지께서는 모든 인생들이 다 회개하고 예수님을 믿고 구원받기를 바라신다. 그러나 구원을 받을 수 있는 것은 예수님께서 내 죄를 속량해 주시기 위해서 십자가에서 참혹한 고난을 당하시고 피 흘려주신 것을 믿고 회개하고 예수님을 영접해야 한다(요 1:12).

모든 사람들에게 또는 개개인에게 있어서 기회라는 것은 날마다 있는 것이 아니다. 어떤 사람에게는 오늘이라는 이 시간이 가장 급하고 중요한 시간이 될 수 있으며 기회인 것이다. 그러나 구원받지 못할 사람이라면 차라리 본인에게는 이 세상에 태어나지 않은 것이 훨씬 더 좋다고 성경은 말씀하신다(전 4:3). 누구나 인생은 이 땅에서 잠시 잠깐 쉬었다 가는 곳이다. 이 땅에서 영원히 사는 사람은 아무도 없다. 그러나 누구든지 이 땅을 떠날 때에는 영원토록 살아야 할 천국이나 지옥을 가게 되어 있다. 그 누구도 부인할 수 없는 곳이다.

히 9:27   한 번 죽는 것은 사람에게 정해진 것이요 그 후에는 심판이 있으
리니

이 세상에서 구원을 받지 못한 사람처럼 불쌍하고 불행한 인생은 없다. 이 세상에서 주 예수를 믿는 것보다 더 귀하고 중요한 것은 없다. 천지 만물 가운데 오직 사람만 하나님의 형상대로 지음을 받았기 때문에 사람은 하나님을 떠나서는 잠시도 살 수 없는 존재다.

사람이 이 땅에서 부와 권력과 명예와 학문과 인기를 다 가졌다 하더라도 그 안에 하나님이 없으면 참 자유와 평안이 없으며 소망이 없

고 참 안식을 누리지 못하며 허무하고 공허하며 살 소망까지 끊어지게 된다. 그러므로 누구든지 예수님 믿고 구원을 받는 것만 이 땅에서도 저 천국에서도 영원히 사는 길이며 가장 중요하고 귀한 것이다.

기도

호흡하지 못하면 죽은 것같이 믿는 사람이 기도하지 못하면 죽은 것이다. 기도는 전능하신 하나님 아버지를 믿고 의지하며 모든 것을 맡기고 하나님 아버지와 대화하는 것이다. 사람의 몸은 영, 혼, 육으로 구성되어 있다. 육은 육신의 부모에게서 태어나지만 영혼은 하나님의 영으로 태어난다. 그래서 사람의 본질은 영혼이다. 영혼이 본질인 사람은 영혼으로 살아야 하며 육신도 영혼의 지배를 받고 살게 된다. 따라서 하나님의 영으로 태어난 영혼은 본질인 하나님의 성품으로 살아야 하며 날마다 영혼의 양식, 생명의 말씀을 먹어야만 살 수 있다.

말씀을 읽고 듣고 예배를 드리고 기도를 드리는 것은 날마다 영혼의 양식, 생명의 양식으로 풍족하게 먹고 영이 자라고 굳건한 믿음으로 살아가는 것이다. 광야에서 살고 있는 사람들은 이 양식을 먹지 못하면 살 수 없다. 그러므로 날마다 하나님 말씀을 읽고 먹어야 하며 예배와 기도가 삶이 되어야만 형통하며 승리의 믿음 생활을 할 수 있다.

많은 사람들이 기도가 잘 안 되고 또 기도하기가 힘들다고 한다. 그러나 말씀과 기도 없이 신앙생활을 한다는 것은 마치 캄캄한 밤에 사막 길을 걸어가는 것과 같다. 성경 66권 안에는 사람이 어디에서 와서 어떻게 살아야 하며 어디로 가야 하는지 분명하고 상세하게 기록되어 있다. 모든 사람에게 성경은 가장 훌륭한 스승이다. 그리고 성경 안에는 이 세상에서 얻을 수 없는 온갖 지혜와 지식과 명철과 총명과 보화와 보물들로 가득 찼다. 비록 세상적인 학문을 취득하지 못했다 하더라도 성경 66권을 다 정독했다면 그는 박사 학위를 받은 사람 못지않은 지혜와 지식을 갖췄다고 볼 수 있다.

잠언 2:6~9   대저 여호와는 지혜를 주시며 지식과 명철을 그 입에서 내심이며 그는 정직한 자를 위하여 완전한 지혜를 예비하시며 행실이 온전한 자에게 방패가 되시나니 대저 그는 정의의 길을 보호하시며 그의 성도들의 길을 보전하려 하심이니라 그런즉 네가 공의와 정의와 정직 곧 모든 선한 길을 깨달을 것이라.

하나님의 생명의 말씀, 영혼의 말씀이 양식이라면 기도는 호흡과 같으므로 말씀과 기도는 항상 함께해야만 성공적인 신앙생활을 할 수 있다. 사람은 영적인 존재이기 때문에 하나님 말씀을 먹어야 하며 기도를 해야만 건강한 삶을 살 수 있으며 항상 승리할 수 있다. 그리고 믿는 사람에게 있어서 기도는 영적인 가장 강력한 무기이다. 말씀에 의지해서 기도할 때에 원수 마귀진을 무너뜨릴 수 있으며 나 자신을 이길 수 있다. 성경을 보면 위대하고 큰일을 한 사람들은 모두 기도의 사람들이었다. 기도하지 않고는 큰일을 할 수 없다.

구약시대에 모세 선지자가 이스라엘 백성을 애굽에서 인도하여 낼 때에도 기도하지 않고는 그런 엄청난 일을 해낼 수 없었다(출 24:18). 엘리야 선지자가 갈멜산에서 모든 우상들을 섬기는 아세라의 선지자 400명과 바알의 선지자 450명을 일시에 진멸시키고 850대 1의 대승리를 거둔 것은 모두 엘리야 선지자가 3년 6개월 동안 밤낮으로 하나님께 부르짖고 기도한 결과였다(열왕기상 18:30~40).

이와 같이 아사 왕이 하나님께 부르짖어 기도했을 때 일시에 적군 백만 명을 진멸시키고 완승을 거둔 것이다. 기도의 힘은 핵무기를 능가한다. 그러나 하나님께서 하늘의 어마어마한 능력을 주셨는데도 기도하지 않고 우상을 따라가며 온갖 죄악에 빠져서 산 사람들은 비참하고 처참한 최후를 마주하게 되는 것을 볼 수 있다. 엘리 제사장의 아들들이 그랬고 사울 왕이 그랬고 삼손이 그런 것처럼 수많은 사람이 하나님을 의지하지 않고 우상을 따라가며 죄짓고 기도하지 않았으므로 패망하고 멸망에 이르게 되었다.

앞에서도 언급한 것처럼 나의 예를 잠깐 들어 보겠다. 나의 어머니가 82살 적에 병원에서 위암과 폐암이라는 두 가지 암이 발견되었었다. 그때 의사들은 어머니가 두 달도 살지 못하고 곧바로 돌아가실 것이라고 했다. 그래서 암 수술을 받지 않고 어머니를 곧장 집으로 모시고 오게 되었고 나는 어머니 곁에 붙어서 밤낮으로 계속 부르짖으며 기도를 드렸다. 몸속에 들어 있는 그 많은 암세포들을 사람의 힘으로는 도저히 제거할 수 없다는 생각이 들어 하나님만을 믿고 의지하며 간절히 기도하기를 하나님 아버지께서 하늘에서 성령의 불을 내려 이 모든 암세포들을 다 태워버리고 없이 해달라는 간청이었다.

그렇게 밤낮으로 삼일을 기도를 드리고 있는데 삼일째 새벽 5시쯤 어머니께서 침대에서 내려와 방바닥에다 핏덩이 같은 것을 막 쏟아놓는데 그중에 계란만 한 덩어리 두 개가 빠져나왔다. 그것이 암 덩어리라는 것을 알 수 있었다. 그리고 이때부터 조금씩이나마 음식을 먹기 시작했으며 주일날은 걸어서 교회까지 가게 되었다. 암 덩어리가 빠져나왔을 때 어머니는 하나님께서 나를 고쳐 주셨다고 하시면서 춤을 추는 모습을 보여 주시기도 했다.

남편의 예를 들 것 같으면 남편이 병원에서 검사를 받고 들어오면서 폐암 4기라고 했다. 폐암 4기라는 진단을 받고 온 날부터 남편은 대낮에도 침대 위에서 이불을 쓰고 나오지도 않고 침묵하고 있었다. 몇몇 지인들은 벌써 장례 치를 준비를 해야 하지 않겠느냐고 하기도 했다. 그러나 내가 할 수 있는 일은 오직 기도밖에는 없었다. 늘 해오던 기도였지만 밤낮으로 최소 10시간 이상 기도를 드렸다. 그리고 7주일 후 다시 검사를 받으러 가는 날에는 남편의 환부에 손을 얹고 뜨겁고 간절하게 2시간 이상 기도를 드렸다.

나는 하나님께서 남편의 폐암을 깨끗하게 고쳐 주실 것이라는 확신이 들었다. 나의 믿음에는 하나님께서 깨끗하게 고쳐 주실 것이라는 확신 이외에는 단 1%의 의심도 들지 않았다. 그리고 남편이 병원에서 최종 검사를 받고 현관문을 들어오는데 목소리가 힘이 있고 밝았다. 나는 하나님께서 암을 깨끗이 고쳐 주셨음을 남편의 표정만 보고서도 알 수 있었다. 그리고 남편은 이날 이후로 다시 태어난 사람처럼 활발하고 건강하게 활동을 재개하게 되었다. 남편의 폐암을 깨끗하게 고쳐 주신 하나님 아버지의 한없는 은혜와 예수님의 십자가 보혈 공로에 무한한 감사와 영광을 돌리는 바이다.

하나님 아버지께서는 이 세상에서 못 고칠 병이 하나도 없다. 문제는 항상 나에게 있는 것이다. 내가 믿음을 갖고 얼마나 하나님을 의지하며 기도를 하는가에 따라서 문제가 해결되고 응답을 받을 수 있는 것이다.

막 9:23   할 수 있거든이 무슨 말이냐 믿는 자에게는 능치 못할 일이 없느니라.

약 5:15   믿음의 기도는 병든 자를 구원하리니 주께서 그를 일으키시리라 혹시 죄를 범하였을지라도 사하심을 받으리라.

하나님 아버지의 뜻은 성도들이 이 땅에서 예수님을 믿고 믿음, 소망, 사랑 안에서 행복하고 축복을 누리면서 살기를 원하신다. 그러나 원수 마귀 사탄은 어떻게든 성도들을 속이고 고통을 주고 병들게 하고 낙심하게 하며 소망을 갖지 못하게 한다. 고통을 주고 병들게 하는 것은 다 마귀가 하는 짓이다. 그러므로 원수 마귀 귀신을 예수 그리스도의 이름으로 단호하게 내쫓고 회개하고 기도하게 되면 병은 치료되고 완전하게 고침받을 수 있다. 성도가 하나님 말씀대로만 살게 되면 어떠한 질병도, 문제도 당하지 않고 평강하고 형통하며 복되고 행복한 삶을 살아나갈 수 있게 된다.

하나님의 자녀로 태어나다

요 3:3 진실로 진실로 네게 이르노니 사람이 거듭나지 아니하면 하나님
의 나라를 볼 수 없느니라.

요 3:5 진실로 진실로 네게 이르노니 사람이 물과 성령으로 나지 아니
하면 하나님의 나라에 들어갈 수 없느니라.

요 3:6 육으로 난 것은 육이요 영으로 난 것은 영이니

물과 성령으로 거듭나다의 뜻은 옛사람 육이 죽고 영의 사람으로
하늘나라의 사람으로 새로 태어난다는 뜻이다. 그러므로 아무리 오랫
동안 교회를 다니고 열심히 봉사를 했어도 거듭나지 못하면 여전히
종교 생활에 머무를 수밖에 없고 하나님을 알 수도 없고 만날 수도
없다.

기독교의 핵심은 거듭남에 있다. 교회를 60년 다니고 80년 다녔다
고 해도 거듭나지 못했으면 아무 소용이 없고 구원받지 못한다. 성경
에서 그렇게 말씀하시는 것이다. 사람의 본질은 영혼이다. 그러므로

깨끗한 심령으로서만 하나님을 볼 수 있다. 육신의 생각으로 죄의 눈으로는 하나님이 보이지 않고 알 수도 없다. 그러므로 거듭나기 위해서는 육신적이고 세상적이고 정욕적이고 마귀적인 모든 죄성을 다 벗어버리고 회개하고 죄에서 떠나 주님을 마음속에 영접하고 주님 안에 거하며 주님과 함께 살아야 한다.

세상에 많은 종교가 있지만 유독 기독교만 구원과 부활과 영생이 있는 것은 태초에 천지 만물을 창조하신 하나님이신 예수 그리스도께서 육신을 입으시고 이 땅에 내려오셔서 십자가에서 고난받으시고 피 흘려주심으로 죄의 문제를 해결해 주셨기 때문이다.

마 1:21　아들을 낳으리니 이름을 예수라 하라. 이는 그가 자기 백성을 그들의 죄에서 구원할 자이심이라

죄의 문제가 해결되지 않고는 구원과 부활, 영생을 받을 수 없다. 예수님께서 십자가에서 고난받으시고 운명하실 때 다 이루었다 하신 말씀은 모든 인생의 죄 문제, 구원, 부활, 영생을 다 해결하시고 이루어 놓으셨다고 하신 것이다. 개개인을 놓고 생각해 볼 때에 예수님께서는 나 한 사람을 구원해 주시기 위해서 십자가에서 그렇게 모진 고문과 채찍과 참혹한 고난을 받으시고 몸 찢기시고 피 흘려주셨는데 죄의 운명으로 태어나서 영원히 멸망을 받을 수밖에 없는 인생은 예수님을 믿고 구원받고 영생을 얻기 위해서 거듭남이 있어야 한다. 거듭남 없이는 주님을 알 수 없고 만날 수 없다. 세상 육신의 어머니도 배 속의 아이를 출산하기 위해서 상당한 진통과 고통과 수고가 들 듯

믿는 사람들 역시 고통과 수고를 통해서 거듭날 수 있는 것이다.

성경 속의 인물들로 예를 들어 볼 것 같으면 사울 왕은 하나님을 믿는 사람이었지만 거듭나지는 못했다. 그가 거듭난 왕이었으면 그렇게 살지 않았고 그렇게 비참한 최후를 맞지도 않았다.

엘리 제사장과 그의 아들들도 마찬가지다. 엘리 제사장과 그의 아들들은 하나님을 믿고 예배드리는 자들이었지만 거듭나지 못했기 때문에 육신의 정욕, 안목의 정욕을 버리지 못하고 거룩하게 살지 못했기 때문에 결국 가문의 문을 닫는 비극을 초래하게 되었다.

삼손은 하나님의 특별한 축복을 받고 태어나 어마어마한 능력을 지녔다. 그는 불레셋으로부터 나라를 구하고 전쟁에서 백전백승하며 이름을 떨치는 장사였지만 하나님 앞에서 기도가 없었고 거듭나지 못했으므로 결국은 마귀의 꾐에 속아서 두 눈이 빠지고 온몸이 밧줄로 꽁꽁 묶여 힘을 쓰지 못하게 되었고 마귀들의 손에 끌려다니며 마귀들의 노리개 거리가 되었고 두 눈이 빠져 평생 맷돌을 돌리며 마귀들의 종으로 전락하게 되었다.

거듭난 사람은 신앙생활에 있어서, 삶에 있어서 실패하지 않으며 실패할 수도 없다. 기독교 역사에 위대한 공헌을 하고 업적을 남긴 사도 바울의 예를 들어 보자면 그는 당시 유대교 바리세인종의 바리세인이요, 율법 학자요, 유대교의 열심 당원으로 예수 믿는 사람들을 잡아 죽이고 핍박하던 사람이었다. 그런데 그는 다메섹에서 예수님을 만나자마자 고꾸라졌고 그가 지금까지 가지고 있었던 모든 것을 버리고 그것을 배설물로 여기며 오직 주님께만 집중하고 순종하며 목숨까지도 주님을 위해 바칠 각오와 일념으로 순교자의 삶을 살았다. 사도 바울이 주님을 만나고 거듭났기에 그처럼 위대한 신앙의 삶을 살 수 있었던 것이다.

하나님을 믿고 교회를 다니는 사람은 많다. 그러나 물과 성령으로 거듭난 사람은 그리 많지 않다. 거듭나기 위해선 지금까지 살아오면서 가지고 있던 모든 육신적인 생각과 죄의 습성과 자아를 완전히 버려야만 한다. 죄의 습성을 갖고 살아오면서 그 위에다 하나님을 올려놓고 믿는다고 하면 아무런 변화도 일어나지 않고 거듭날 수 없다.

비유로 한 가지 예를 들자면 높은 산을 개간하여 옥토 밭을 만들려면 우선 높은 산을 깎아내려야 하며 나무들과 잡초들을 뽑아내고 그 속에 박혀 있는 큰 바위들과 돌덩이들을 다 제거해야만 하는 것처럼 마음을 개간하기 위해서는 내 안에 들어 있는 교만과 오만과 욕심과 탐심과 자만과 자아, 자존심 등등 성경과 위배되는 모든 것들을 다 뽑아 버리고 자신을 비우고 겸손하게 순종하며 하나님만을 경외하는 삶을 살 때 날마다 아름답고 좋은 열매를 삼십 배, 육십 배, 백 배로 받으며 살아가는 것이다.

하나님의 축복을 받고 태어나서 어릴 적부터 교회를 다니고 하나님을 알고 신앙으로 살다가 도중에 타락하고 탈락하여 인류 역사에 악영향을 끼친 사람들을 볼 수 있다. 그 대표적인 사람으로 구소련의 스탈린이란 사람인데 그는 신학교까지 다닌 사람이었다. 그럼에도 그는 최초로 공산주의를 일으켜서 수많은 사람을 학살했다.

카를 마르크스 역시 독실한 기독교 가정에서 자란 사람이다. 그도 역시 공산주의 사상을 갖고 있는 사람이다. 이들이 하나님을 믿고 거듭난 사람이라면 절대로 그런 끔찍한 악행을 저지르지 않았을 것이다.

미국의 유명한 작가인 헤밍웨이 역시 독실한 기독교 가정에서 자란 사람이었다. 그는 모든 것을 다 갖춘 지성인이었고 그가 쓴 소설은 너무도 유명하여 온 세계인들이 다 애독을 하였고 나 역시 어렸을 적에 그의 소설을 읽고 많은 감명을 받았었다. 그는 노벨문학상도 받은 사람이다. 그의 학문과 돈과 명예, 지성은 평범한 사람들이 가질 수 없는 것이다. 그러나 그는 권총으로 자살을 하고 말았다. 그는 기독교 가정에서 자랐고 누구보다도 하나님을 잘 알고 있는 사람이었다. 그러므로 하나님을 아는 것만으로는 구원받을 수 없다. 그가 만약 거듭났다면 그런 극단적인 선택도 하지 않았다.

영원한 멸망 길로 빠져 가는 사람들

세상에는 두 종류의 사람들이 살아가고 있다. 예수님을 믿고 거듭난 사람들은 이 땅에서도 날마다 천국을 누리며 영혼이 잘됨같이 범사에 잘되며 형통하며 강건한 삶을 살아가고 있는 반면 예수님을 믿지 않는 사람들은 오늘도 여전히 춤추고 노래하고 잘 먹고 잘 입고 즐기고 여행하고 이 세상에서 할 수 있는 온갖 좋은 것들은 다 갖고 누리며 살지만 만약 오늘이라도 그의 영혼이 떠나게 된다면 그들은 영원한 멸망 길로 들어가는 것이며 세세토록 지옥에서 살아야 한다. 실제로 이 세상에 살아 있었을 적에 예수님을 믿지 않고 죽어서 지옥으로 떨어진 수많은 영혼들을 보게 되었는데 사면이 흑암으로 덮인 캄캄한 흑암 속에서 절대 절망만 있는 숨막히는 지옥에서 그들은 여전히 애타게 세상을 그리워하며 세상의 가족들을 그리워하며 지옥에서 탈출하기 위해 안간힘을 쓰며 몸부림치는 것을 보게 되었다.

그러나 그들이 지옥에서 나올 수 있는 출구는 어디에도 없었고 그들은 그렇게 하염없이 이제나저제나 세상 밖으로 나오기만을 애타게 처절하게 갈망했다. 세상에서는 이미 그들의 육체는 죽어서 땅속에 매장되었거나 화장터에 가서 한 줌의 가루가 되었지만 지옥에서는 여전히 살아 있는 사람으로서 세상을 그리워하며 지옥에서 빠져나오기 위해 탈출하기 위해 안간힘을 쓰고 있는 것이었다. 그러나 구원은 세상에 살아 있었을 적에만 받을 수 있는 것이지 이미 세상에서 생명이 끊어진 상태에서는 그 누구도 구원을 받을 수 없으며 이미 지옥으로 떨어진 영혼은 다시는 구원할 수도 세상 밖으로 나올 수도 없다. 그래서 이 세상에서 생명으로 살아 있을 때에 예수님을 믿고 구원을 받는 것은 너무나도 중요하고 귀하고 이 세상 그 무엇으로도 바꿀 수 없고 비교할 수 없다. 생명으로 영원토록 살아간다는 것은 위대하고도 중요하다.

잠언 14:12 어떤 길은 사람이 보기에 바르나 필경은 사망의 길이니라.
잠언 15:24 지혜로운 자는 위로 향한 생명 길로 말미암음으로 그 아래에
             있는 스올을 떠나게 되느니라 .

허공을 바라보며
사는 사람들

　　　　　　　　　　　이 세상에는 각기 두 부류의 사람들
이 살고 있다. 어떤 사람들은 내가 어디에서 와서 어떻게 살며 어디로
가는지 분명히 알며 날마다 이 땅에서도 천국을 누리며 믿음, 소망,
사랑, 행복, 축복, 영광을 누리며 복되고 형통한 삶을 사는 반면 어떤
사람들은 내가 어디에서 와서 왜 살며 어디로 가는지 알지 못하고 소
망 없이 방황하며 헛되고 허무하고 공허하며 흑암의 삶을 살아가는
사람도 있다. 남들보다 더 갖기 위해서 더 잘 살기 위해서 평생을 땀
흘리며 수고했어도 어느 날 자신도 모르는 사이에 안개처럼 사라져
버리는 사람도 있다. 많고 많은 사람들이 인생에서 가장 중요하고 위
대한 것을 놓치고 헛되고 헛된 것에 정열을 쏟고 인생을 낭비하는 것
을 볼 수 있다.

　　그러나 하나님의 형상대로 지음을 받고 태어난 사람은 내가 누구
인지 알아야 하며 죄인의 운명으로 태어난 사람이 예수님의 십자가
피 공로로 죄사함을 받고 거듭나서 구원받고 하나님의 백성으로 자녀

로 사는 것이 얼마나 중요하고 위대한 선택인가를 본인이 깨닫게 된다. 그러나 이 세상의 모든 것을 다 가지고 누린다고 해도 그 안에 예수님의 생명이 없으면 그는 바람을 잡는 것과 같이 헛되고 헛된 인생을 살게 되는 것에 불과하다. 사람이 이 땅에 태어나서 천년만년 무한정 사는 것이 아니다. 이 땅에서 100년을 살고 120년을 산다 해도 인생은 너무나 짧기만 한 것이다. 사람이 이 땅에서 구원을 받을 수 있는 길이, 기회가 날마다 있는 것은 아니다. 어떤 사람에게는 오늘 이 순간이 구원을 받을 수 있는 마지막 기회일 수도 있다. 구원이란 내가 이 땅에서 생명으로 살아있을 때에만 받을 수 있다. 그러므로 누구든지 이 한 번밖에 없는 구원받을 기회를 놓쳐서는 안 된다.

이 땅에 수많은 종교가 있지만 구원을 받을 수 있는 종교는 기독교뿐이다. 죄인의 몸으로 구원받을 수 없으므로 예수 그리스도께서 십자가에서 참혹한 고난을 당하시고 전 인류의 죄를 다 속량해 주셨으므로 거룩하신 예수님의 십자가 피 공로로 죄사함을 받았을 때 죄인에서 의인으로, 마귀의 자식에서 하나님의 자녀로 신분이 바뀌면서 구원받고 영생을 얻을 수 있다.

요 5:24 　내가 진실로 진실로 너희에게 이르노니 내 말을 듣고 또 나 보내신 이를 믿는 자는 영생을 얻었고 심판에 이르지 아니하나니 사망에서 생명으로 옮겼느니라.

요 11:26 　나는 길이요 진리요 생명이요 부활이니 나를 믿는 자는 죽어도 살겠고 무릇 살아서 나를 믿는 자는 영원히 죽지 아니하리니 이것을 네가 믿느냐.

히 9:27 　한 번 죽는 것은 사람에게 정해진 것이요 그 후에는 심판이 있으리니

요 6:51 　나는 하늘에서 내려온 살아 있는 떡이니 사람이 이 떡을 먹으면 영생하리라 내가 줄 떡은 곧 세상의 생명을 위한 내 살이니라.

사람이 하나님을 떠나 살게 되면 마귀를 주인으로 섬기며 살게 되기 때문에 당연히 실패하고 패망하며 허무하고 공허하며 피투성이의 삶을 살 수밖에 없게 된다. 마귀는 속이고 죽이고 고통과 괴로움을 주고 도둑질하며 생명을 빼앗고 멸망시키는 짓만을 하기 때문이다. 그러므로 하나님을 떠난 사람들의 최후를 볼 것 같으면 너무 비참하고 피투성이의 삶을 살다 간 것을 볼 수 있다. 물고기가 물을 떠나서 잠시도 살 수 없는 것처럼, 나무가 흙을 떠나서 당장 말라 죽는 것처럼 사람은 하나님을 떠나서는 한순간도 행복하고 평탄한 삶을 살 수 없다. 사람이 무엇으로 심든지 심은 대로 거두게 되는 것이 자연법칙이다. 이 법칙은 하늘나라에서나 이 땅에서나 동일하다. 선을 심는 사람은 날마다 생명력 넘치는 행복한 삶을 살면서 그 마지막은 영생을 얻게 된다고 성경 말씀에 적혀 있다. 그러나 죄를 심는 사람은 그 마지막은 사망과 지옥과 멸망이다. 그러므로 사람이 이 땅에 살 때에 하루하루를 어떻게 사는가 하는 것은 너무도 중요하다.

예수님을 믿고 구원받은 사람들은 이 땅에서도 날마다 즐겁고 기쁘고 행복하고 평탄하게 잘 살면서 천국을 누리지만 죄사함을 받지 못한 영혼들은 이 땅에서도 어둡고 캄캄하며 깊은 흑암 중에 살다가 갑자기 태풍 같은 문제에 부딪히게 되면 절망에 빠지거나 극단적인

선택을 하기도 한다. 천지 만물을 창조하신 하나님이신 예수님께서 이 땅에 오신 목적은 전 인류를 죄와 사망, 지옥, 멸망에서 건져 주시기 위해서다. 전 인류를 죄와 사망, 멸망에서 건져 주시고 구원해 주시고 영생을 주시기 위해서, 사람이 이 땅에서 서로 사랑하며 행복하고 기쁘고 즐겁게 평화스럽게 복되고 형통하게 승리하며 잘 살게 하기 위해서 예수님께서 이 땅에 오신 것이다. 하나님의 형상대로 지음을 받은 사람은 원래 하나님과 함께 살게 되어 있다. 그러나 하나님을 떠나는 순간 마귀를 만나 마귀의 종이 되어 죄를 짓고 어둡고 캄캄한 흑암 속에서 갈 바를 알지 못하고 육신은 살았다 하나 산 인생이 아니며 타락한 인간의 본성으로 살면서 끝없는 멸망 길을 향해 달려가고 있는 것을 보게 된다. 이 세상에서 참 신이신 하나님 아버지를 떠나 사는 것처럼 불행하고 불쌍한 사람은 없다.

잠언 14:12 어떤 길은 사람의 보기에 바르나 필경은 사망의 길이니라.

인생은 자기의 힘으로 죄의 문제를 해결할 수 없다. 이 세상의 그 어떤 것으로도 자신의 죄 문제를 해결할 수 없다. 그러므로 이 무거운 죄 짐을 주님께 내려놓으라고 말씀하셨다.

마 11:28 수고하고 무거운 짐 진 자들아 다 내게로 오라 내가 너희를 쉬게 하리라.

인생의 쉴 곳은 하나님 아버지 품밖에 없다. 인생의 승리는 예수 그리스도를 믿을 때에만 있다. 인생의 행복과 풍성한 삶과 참 평안과 기쁨, 즐거움은 오직 예수 그리스도를 영접하고 믿고 하나님 자녀로 살아갈 때에만 누릴 수 있고 보장된다. 이 길만이 날마다 이 땅에서도 생명력 넘치는 천국에서의 삶이며 장차 천국에 가서도 누리게 되는 삶이다. 그러나 하나님을 떠난 인생은 마치 어린아이가 부모 집을 떠나서 사나운 짐승을 만나 갈 바를 알지 못하고 방황하는 것과 같고, 멸망해 가는 짐승과 같다. 사람이 이 땅에서도 천국에서도 영원히 살 수 있는 길은 오직 예수님 믿고 구원을 받는 길밖에는 없다.

회개만이
살 길이다

마 3:2　회개하라 천국이 가까이 왔느니라

기독교만 구원이 있는 것은 회개의 종교이기 때문이다. 회개는 천국으로 들어가기 위한 첫 관문이다. 회개는 만병을 치료한다. 예수님께서 이 땅에 내려오실 때 천국을 가지고 오셨다. 그러나 천국은 회개한 자만이 볼 수 있고 누릴 수 있다.

회개의 본뜻은 죄에서 떠나다, 돌이키다, 옳은 길을 가다, 의의 길을 가다이다. 천국은 죄에서 떠나 예수님을 믿고 거듭난 자만이 갈 수 있는 곳이다. 거듭나다의 본뜻은 하늘에서 하나님 자녀로 태어나다이다. 수많은 사람들이 교회를 다니고 믿음 생활을 한다고 하면서도 물과 성령으로 거듭난 사람은 그리 많지 않다. 또 회개 없이 형식적으로 관념적으로 종교적인 신앙생활을 하는 사람들도 있다. 기독교가 타 종교와 다른 것은 거룩함이기 때문에 오직 회개와 거듭남이 있어야 구원받을 수 있고 하나님 자녀라고 할 수 있다. 교회를 수십 년을 다니는데도 기쁨과 즐거움이 없고 참된 자유를 누리지 못하고 기적을 체험하지 못하고 늘 근심과 불안, 초조한 것은 하나님 앞에서 진정한 회개가 이루어지지 않았기 때문이고 거듭나지 못했기 때문이다.

죄의 본성을 갖고 태어난 인간에게는 마귀가 합법적으로 내 육체 속에서 죄를 먹고 살고 있다. 죄는 마귀의 것이기 때문에 항상 붙어 있는 것이다. 그래서 회개하지 않는 이상 마귀는 내 속에서 떠나가지 않으며 끊임없이 죄짓게 하고 불안, 근심, 걱정하게 하고 미워하게 하며 살인하고 용서하지 못하게 하고 거짓말하게 하고 사기 치며 도둑질하며 타락한 근성으로 살아가게 한다. 마귀 사탄이 하는 짓은 가난하게 하고 실패하게 하고 병들게 하여 영혼을 도둑질해 지옥으로 끌고 가게 한다.

요 10:10 도둑이 오는 것은 도둑질하고 죽이고 멸망시키려는 것뿐이요.

내 안에서 죄를 먹고 살며 끊임없이 죄짓게 하고 타락한 인간의 본성으로 살게 하는 이 악하고 더러운 사탄 마귀를 박멸시키고 뽑아 버리는 것은 내 힘으로는 도저히 될 수 없고 오직 예수님의 십자가 피흘림으로서만 될 수 있다. 마귀 사탄은 핵무기나 원자폭탄이나 물리적인 그 어떤 것도 무서워하지 않고 두려워하지 않는다. 그러나 사탄 마귀에게 가장 무섭고 두렵고 떨리는 것은 오직 예수님의 십자가 보혈이다. 십자가 피 앞에서 마귀는 더 이상 어떠한 액션도 취할 수 없으며 고꾸라지고 굴복해야만 한다. 십자가 보혈 앞에서 마귀 사탄의 머리는 깨트려지고 죽게 된다.

세상에도 법이 있는 것처럼 영적인 세계에도 법이 있다. 예수님께서는 죄의 문제를 해결하시기 위해서 하늘에서 내려오셨고 십자가를 지시고 고난당하시므로 온 세상 죄를 다 담당하시고 십자가에서 피 흘리시고 돌아가셨다가 삼일 만에 부활하셨다.

그러므로 주님께서는 친히 나무에 달려 그 몸으로 우리의 죄를 담당하셨으니 이는 우리로 죄에 대하여 죽고 의에 대하여 살게 하심이다. 온 인류의 죄를 담당하시기 위해서 예수님께서는 참혹한 고난을 받으시고 피 흘리시고 죽으셔야만 했다. 그래서 마귀 사탄은 예수님의 이름 권세와 피를 가장 무서워하는 것이다. 성도가 교회를 다니고 믿음의 경주를 하며 달려가려면 죄의 문제가 해결이 되어야 하므로 거듭남이 그래서 더 중요하다.

비록 신학 박사나 목회학 박사라 할지라도 죄의 문제가 해결되지 않고 거듭나지 않았다면 그런 사람은 다만 예수님을 알고 성경을 알고 있는 것에 지나지 않으며 예수님을 믿는 것이 아니다. 아는 것하고 믿는다는 것은 다른 차원이다. 아는 것은 누구나 다 아는 것이다. 그러나 예수님을 믿는다는 것은 내가 죄인인 것을 깨닫고 주님 십자가 보혈 공로에 의지하여 통회자복하며 회개하고 주님께 죄 용서받고 죄 사함을 받아 거듭나야만 하기 때문이다.

왜 그렇게 회개가 중요하고 거듭남이 중요한가 하면 회개하지 않고 거듭나지 않고는 마귀 사탄이 내 속에서 떠나지 않으며 계속해서 내 안에서 죄짓게 하고 나를 죄의 종으로 부리면서 죄의 왕 노릇을 하게 만든다. 그래서 마귀는 성도가 어떤 일을 하든 가만히 놔두는데 회개만은 하지 못하도록 거듭나지 못하도록 온갖 방해 공작을 한다. 성도가 회개하지 않고 거듭나지 않으면 주님 안에 거할 수 없고 주님 음성을 들을 수도 없고 천국이 임하지도 못한다. 그러므로 내가 회개할 때 마귀는 합법적으로 내 안에서 떠나가야 한다. 주님께서 십자가에서 죄의 문제를 다 해결해 놓으셨기 때문에 마귀는 더 이상 머무를 수 없다.

요일 3:8~9   죄를 짓는 자는 마귀에게 속하나니 마귀는 처음부터 범죄함이라 하나님의 아들이 나타나신 것은 마귀의 일을 멸하려 하심이라 하나님께로부터 난 자마다 죄를 짓지 아니하나니 이는 하나님의 씨가 그의 속에 거함이요 그도 범죄하지 못하는 것은 그가 하나님께로부터 났음이라

　많은 사람들이 교회 등록만 해놓고 적당히 헌금하고 봉사하고 헌신하고 착하게 살면 구원받는다고 착각한다. 그러나 구원의 본질은 물리적인 어떤 착한 행위로 받는 것이 아니다.
　좋은 일하고 착하게 살면 다 구원받을 것 같으면 불교를 믿고 있는 사람도 구원받을 수 있는가! 구원은 어떤 착한 행위로 좋은 일했다고 받을 수 있는 것이 아니다. 평생을 불교에 몸담고 있으면서 그렇게 착하고 고결하게 살아왔어도 예수님을 믿지 않고는 구원받을 수 없는 점이다. 구원은 오직 예수님의 십자가 보혈 공로로 죄씻음받고 죄사함받고 예수님을 나의 생명의 구주로 마음속에 영접하고 입으로 시인하며 믿을 때에 얻어진다.
　즉 예수님의 십자가 피 공로로만 구원을 받을 수 있다. 교회를 다

닌다고 하는 사람들이 교회를 다니지 않는 불신자보다 더 악하고 더 못된 짓을 하고 사기 치고 거짓말하고 죄짓고 남을 아프게 하고 도둑질하며 용서하지 않고 미워하며 사는 것을 보게 된다.

그런데 이런 사람은 교회를 다니고 있는 사람일 뿐이지 예수님을 믿는 사람도 아니며 구원받은 사람도 아니다. 예수님을 믿고 구원을 받고 거듭난 사람은 그렇게 살지 않을뿐더러 그렇게 살 수도 없다. 예수님 믿고 구원을 받고 거듭난 사람 안에는 하나님의 씨가 속에 거하고 계시므로 그렇게 자기 마음대로 죄짓고 살 수 없게 되고 죄를 지을 수도 없다. 내 안에 거룩한 영이 저절로 나를 거룩하고 깨끗한 영으로 만들기 때문에 저절로 죄가 미워지고 저절로 죄가 싫어지고 저절로 하나님께서 싫어하시는 것은 하지 않게 된다. 그러므로 내가 예수님을 믿고 구원을 받았을까 못 받았을까 하는 것은 본인 스스로 알게 되어 있다.

거듭나지 않고는 하나님을 볼 수 없다. 거듭나지 않고는 영적인 세계를 알 수 없다. 거듭나지 못하고 신앙생활을 하는 것은 향방 없이 달리는 자동차와 같고 사막에서 어린아이가 부모를 잊어버리고 찾아 헤매는 것과 같다. 모든 인생은 하나님 아버지 품 안에 있을 때에만 가장 안전하고 자유하고 평안하며 행복하고 복되고 형통하고 승리의 삶을 살아나갈 수 있게 된다.

하나님 아버지 품을 떠난 인생은 이 세상의 모든 것을 다 갖고 누려도 행복하지 못하며 평안하지 못하며 자유하지 못하며 근심과 불안하며 허무하고 공허하며 인간의 힘으로는 도저히 해결할 수 없는 그 무거운 죄의 짐을 지고 고통하며 탄식하며 괴로운 인생을 살 수밖에 없다. 인생의 그 무겁고 힘든 죄의 짐을 예수님께 내려놓지 않고는 그 누구도 참된 평화와 안식을 누릴 수 없으며 참된 행복과 기쁨과 즐거움을 얻지 못하고 누리지도 못한다.

구원은 수억 만금 주고도 살 수 없는 것이다. 구원은 내가 회개하고 예수님을 영접하고 믿으면 공짜로 받게 되는 것이다. 믿음으로 사는 것 또한 힘들고 어려운 것이 아니다. 성경 말씀대로 순종하고 믿음으로 살면 되는 것이다. 진리는 단순하고 명료하다. 하나님께서 하라고 말씀하시는 것은 하면 되고 하나님께서 하지 말라고 하시는 것은 안 하면 된다.

마 11:28 수고하고 무거운 짐 진 자들아 다 내게로 오라 내가 너희를 쉬게 하리라.

요 14:6 나는 길이요 진리요 생명이요 부활이니 나로 말미암지 않고는 아버지께로 올 자가 없느니라.

시 100 : 3~5

여호와가 우리 하나님이신 줄 너희는 알지어다. 그는 우리를 지으신 이요 우리는 그의 것이니 그의 백성이요 그의 기르시는 양이로다. 감사함으로 그의 문에 들어가며 찬송함으로 그의 궁정에 들어가서 그에게 감사하며 그의 이름을 송축할지어다. 여호와는 선하시니 그의 인자하심이 영원하고 그의 성실하심이 대대에 이르리로다.

5

영의 사람,
육의 사람

영의 사람은 거듭나서 주와 합한 영으로 사는 사람을 말한다.
영의 사람은 하나님의 말씀을 청종하고 순종하며 하나님과 이웃을 사랑하며
오직 주님 안에서 살게 된다. 영의 사람은 살아 있는 생명으로 사는 것이다.

내세를 모르고
사는 사람들

세상을 너무나도 사랑하시는 하나님께서는 온 세상 사람들이 죄와 마귀 사탄에게 꽁꽁 묶여서 갈 길을 찾지 못하는 것을 불쌍히 보시고 예수님을 이 땅에 보내 주셨으나 사람들이 예수님을 믿지 않고 멸망해 가는 것을 보실 때에 너무도 안타까워하셔서 나에게 밤마다 꿈마다 이 세상 사람들이 예수님을 믿지 않아 멸망해 가는 것을 보여 주신다. 온 세상 사람들은 세상에 취해 먹고 마시고 즐기면서 이 세상이 다인 것처럼 방탕하게 살아간다. 세상에서 잘 먹고 잘 입고 온갖 부귀영화를 다 누리며 살아도 너무도 짧은 인생인데 이 세상을 떠나게 되면 영원히 살아야 할 내세에 대해서는 아무런 관심도 없는 인생을 보면 너무도 안타깝기만 하다.

세상에는 예수님을 믿는 사람과 믿지 않는 사람, 두 종류의 사람이 함께 살아가고 있는데 예수님을 믿는 사람이 만일 갑자기 예기치 못한 사고를 당하여 죽게 되면 그 사람은 분명히 천국을 가게 된다. 그러나 예수님을 믿지 않는 사람이 갑자기 예기치 못한 사고를 당하여 죽게 되면 이 사람은 어쩔 수 없이 지옥으로 가게 되어 있다. 지옥이란 한 번 떨어지게 되면 영영 나올 수 있는 길이 없다. 불도 꺼지지 않고 구더기도 죽지 않고 무서운 짐승들과 벌레들이 득실거리는 곳에서 세세토록 영원토록 살아야 하는 곳이 지옥이다. 이렇게 무서운 지옥이 실제로 존재하고 있는데도 세상 사람들은 다 허상이라고 생각하며 아무런 관심도 없고 다만 현세에만 목적을 두고 살아가고 있다. 마귀 사탄은 세상 사람들에게 아니 믿는 사람들에게조차 천국과 지옥은 없다고 끊임없이 거짓말 시키고 속인다.

그러나 천국과 지옥은 실제로 존재하고 있다. 지옥은 없다고 이 세상이 다인 것처럼 호의호식하며 살던 사람이 어느 날 갑자기 사고를 당하여 지옥으로 떨어지게 되었는데 그때서야 자신이 지옥에 와있는 것을 보고 절망하며 절규하며 세상에 살 적에 기독교인들이 예수 믿으라고 하면 비웃고 무시하고 조롱하며 천국이 어디 있고 지옥이 어디 있느냐며 했던 모든 말들이 생각이 났다. 세상 살다가 죽으면 그것이 끝인 줄만 알았는데 세상에서 분명히 죽은 사람이 이렇게 지옥에서는 살아있다니 정말 놀랄 수밖에.

그러나 이제는 단 한 번의 기회도 없는 것이다. 천국과 지옥을 선택하는 것도 세상에 살아 있었을 때 기회와 시간이 있는 것이지 생명이 끝나게 되면 영원토록 단 한 번의 기회도 주어지지 않는다. 지옥은 빠져나오고 싶어도 그 어디에도 출구가 없는 곳이다. 희망도 소망도 내일도 없고 현재도 없고 어떤 시간 개념이 있는 곳이 아니며 캄캄한 흑암 속에 갇혀서 절대 절망, 절대 고통만 있는 곳이다. 지옥에 떨어진 사람들이 똑같이 하는 말이 있는데 이렇게 무서운 지옥이 실제로 있는 줄 알았더라면 세상에 있었을 적에 하나님을 믿을 걸 하는 생각이다. 세상에 살 적에 그렇게 모든 것을 다 갖고 호의호식하며 살던 사람들이 이 무서운 지옥에 떨어져서 영원토록 이 고통과 절망 속에서 살아야만 한다. 절대 절망 괴로움과 고통만 있는 이 지옥에서 죽고 싶지만 죽음이 영원토록 없는 곳이 지옥이다.

세상에서도 죄를 지은 사람은 감옥에 가게 되는데 그래도 이 사람들은 언젠가는 감옥에서 나올 수 있을 것이라는 희망이라도 있다. 그러나 지옥은 단 한 번의 기회도 없으며 영원토록 기회가 없다. 세상은 누구나 잠시 잠깐 동안만 쉬었다 가는 곳에 지나지 않는다. 그러나 누구도 이 땅을 떠나게 되면 영원히 사는 곳이 있는 것이다. 이곳은 사람은 가서는 안 되는 곳이다. 그러나 너무도 많은 사람들이 이 멸망 길로, 지옥으로 빠져들어 가고 있다.

마 16:26 사람이 만일 온 천하를 얻고도 제 목숨을 잃으면 무엇이 유익하리요 사람이 무엇을 주고 제 목숨과 바꾸겠느냐.

세상 사람들은 예수님의 영이 그 속에 없기 때문에 영이 죽어 있어서 내세를 보지 못하고 알지 못한다. 그래서 세상 사람들은 당장 육신의 눈에 보이는 현실만 보게 되고 집착하며 살아간다. 어느 부잣집에 아들, 딸을 두고 잘 살고 있는 집이 있었는데 아들, 딸 모두 일류 대학을 나오고 미국 유학까지 가게 되었다. 그런데 20대인 딸은 미국 유학 생활을 하던 중에 불치병에 걸려 그만 죽고 말았다. 그의 아들은 갑자기 예기치 않은 사고를 당하여 죽게 되었다. 이들은 예수님을 믿지 않는 사람들이다.

만약 이들이 예수님을 믿은 사람들이었다면 그렇게 젊어서 불치의 암으로, 사고를 당해서 죽었어도 구원을 받았으므로 당연히 천국을 가서 영원히 살게 되지만 이들은 불행하게도 예수님을 믿지 않는 가정이었다. 이러한 가정을 예로 볼 때 이 땅에 살아 있었을 적에 예수님을 믿고 사는 것이 얼마나 중요하고 급한 것인가 하는 것을 새삼 느끼게 된다. 사실은 이 세상에서도 예수님 믿고 구원받지 못한 사람들은 살았다 하나 산 것이 아니고 죽은 사람이다. 성경에서 그렇게 말씀하시는 것이다(눅 9:60).

사람이 예수님을 믿고 구원을 받는 것이 왜 그렇게 중요한가 하면 생명 안에 예수님의 피가 있는 사람에게는 원수 마귀 사탄이 감히 접근하지 못할 뿐만 아니라 무서워서 재빨리 도망쳐 버린다. 이 땅에서도 회개하고 예수님을 믿고 거듭난 사람들은 날마다 하나님 아버지 품 안에서 가장 안전하며 복되고 형통하며 승리하며 천국을 누리며 살게 된다. 그러나 예수님의 피가 그 생명 안에 없는 사람들은 언제라도 항상 원수 마귀 사탄의 종으로 노리갯감으로 노출되어 있으므로 너무 위험하고 위급한 상황에 놓여 있는 것이다. 마치 말을 타고 높은 벼랑 끝을 달리는 것 같은 위험이다.

이 세상에서 사람이 태어나서 예수님을 믿고 구원을 받는 것보다 더 중요하고 급한 일은 없다. 예수님을 믿고 구원을 받는 것은 온 천하를, 세계를 얻는 것보다도 더 위대하며 귀한 것이다. 구원이란 수억만금을 주고도 살 수 없다. 하나님께서 온 세상 사람들에게 누구나 예수님을 믿으면 공짜로 주시는 은혜이다. 예수님을 믿고 구원받은 사람들은 이 땅에서도 저 천국에서도 날마다 하나님 아버지 품 안에서 믿음, 소망, 사랑, 행복, 축복을 누리며 천국의 삶을 살게 된다.

봄 여름
가을 겨울

창 1:1   태초에 하나님이 천지를 창조하시니라.

　태초에 천지 만물을 창조하시고 사람들을 하나님의 형상대로 창조하신 하나님께서는 이 세상 모든 사람이 하나님을 알 수 있는 지각과 감성과 지혜와 지식과 생각을 주셨다. 그래서 아프리카에 사는 원시인들도 하나님께서 천지 만물을 창조하신 신이라는 것을 안다. 비록 지능이 모자라는 바보 천치라도 하나님을 안다. 그럼 어떻게 하나님을 알 수 있을까. 그것은 하늘과 땅과 천지 만물과 대자연과 사물을 통해서 하나님을 알 수 있게 된다. 봄 여름 가을 겨울을 지으신 하나님을 알게 된다. 봄이 오면 산과 들에 만물이 소생한다.

　겨우내 깊이 잠들어 있던 나무들은 초록색으로 입혀지고 들과 산에는 오색찬란한 아름다운 꽃들이 조화를 이루며 만발하고 땅은 한없는 복을 펼치며 농부들은 땅을 개간하고 씨를 뿌리며 이제 1년 동안 먹을 양식을 준비한다. 여름이면 하늘에서 뜨거운 햇볕이 내리쬐고 밤에는 이슬이 내리고 적당한 때에 비를 내려 모든 들과 산의 곡식과 열매들이 아름답고 탑스럽게 영글어가게 하시고 가을에는 풍성한 수확을 거두게 하신다. 그리고 겨울에는 모든 사람이 편히 쉬고 풍족하게 먹고 기쁘고 즐겁게 행복하게 살면서 안식하게 하신다. 하나님 아버지께서는 모든 인생이 이 땅에서 풍성히 먹고 즐겁고 기쁘고 행복하게 살게 하려고 봄 여름 가을 겨울을 지으셨고 그 어느 것 하나 부족함 없이 무한한 물질과 자원을 주셨다.

감나무 한 그루에서 몇백 개의 감이 열리고 대추나무 한 그루에서 몇천 개의 대추가 열리고 그렇게 조그만 호박씨 하나에서 몇십 개의 호박이 열리고 고추씨 하나에서 그렇게 많은 고추가 열리고 한 줄기 고구마 순에서 그렇게 많은 고구마가 열매를 맺는 것이다. 땅은 한없는 복을 펼쳐 사람들에게 풍족하게 먹고 즐겁고 기쁘고 행복하게 살도록 한다. 모든 인생이 이 땅에 살면서 복을 주신 하나님을 높이 찬양하며 감사를 드린다. 모든 인생을 복되게 하기 위해서 봄 여름 가을 겨울을 지으신 하나님의 높고 위대하심은, 솜씨는, 권능은 온 우주 안에 가득 찼다.

이 세상에서 최고로 그림을 잘 그리는 화가라 할지라도 하나님께서 창조하신 이 광대하고 찬란하고 장엄하고 아름다운 대자연을, 만물을 어떻게 화폭에 담을 수 있을까 하는 것이다. 이 세상에서 글솜씨가 가장 뛰어난 작가라 할지라도 하나님께서 지으신 이 창조 세계를, 섭리를 어떻게 다 표현할 수 있을까! 산과 들에 있는 나무들과 꽃들과 심지어 동물들까지도 날마다 시마다 하나님을 찬양하며 감사하며 살아간다. 시골에서 농사를 짓는 분들은 누가 아무 말하지 않아도 하나님을 저절로 알게 된다. 조그만 씨앗 하나를 심었는데 그렇게도 많은 열매를 맺는 것을 보면서 하나님께서 하신 일을 알게 되는 것이다.

하나님 아버지께서는 모든 인생이 이 땅에서 풍족하게 먹고 즐겁게 행복하게 살도록 하기 위해서 잠시 잠깐도 쉬지 않고 일하고 계신다. 바다의 풍부한 물고기들을 보라! 바다의 고기잡이배들이 날마다 날마다 그렇게 많은 수십 가지의 고기들을 잡아 올리는데도 바다의 고기는 줄어들지도 않고 날마다 날마다 많은 양의 고기를 생산해 내는 것을 볼 수 있다.

이렇게 하나님께서는 모든 인생들에게 풍부한 먹거리를 주시기 위해서 바다의 물고기들이 죽지 않고 건강하게 자라고 생육하고 번성하게 하기 위해서 바닷물의 염도를 정확하게 측정하시고 유지시키신다. 이런 일은 사람의 생각이나 과학의 어떤 힘으로도 할 수 없는 일이다. 그 많은 바닷물의 염도를 정확하게 맞추는 것은 사람의 생각이나 힘으로는 도저히 상상도 할 수 없다. 만약 바닷물의 염도가 1도만 싱겁거나 짜거나 하면 바닷속의 물고기들은 다 죽어버리고 만다.

태초에 천지 만물을 창조하시고 온 인류를 창조하신 하나님 아버지의 은혜와 사랑은 저 하늘보다도 더 높고 저 깊은 바다보다도 깊으며 온 우주보다도 더 넓고 끝이 없고 한이 없다. 하나님께서는 사람들이 이 세상을 살아가는 데 있어서 가장 중요하고 꼭 필요한 것들은 돈이 많은 부자에게나 돈이 없고 가난한 사람들에게나 똑같이 무한정으로 주셨다. 햇빛을 주시고 공기를 주시고 불과 물을 주시고 누구에게나 하나님을 알 수 있는 지혜와 총명, 명철을 주시고 각 사람에 따라 다양한 재능을 주기도 하셨다. 하나님께서 모든 사람에게 가장 필요한 물과 불을 무한정으로 공짜로 주시지 않았다면 돈이 없고 가난한 사람들은 그렇게 많이 쓰는 물을 돈주고 사서 쓸 수 없다. 그러므로 사람에게 가장 귀하고 중요한 것들은 모두 무한정으로 쓸 수 있도록 하셨다.

시 95:2~8　　우리가 감사함으로 그 앞에 나아가며 시를 지어 즐거이 그를 노래하자 땅의 깊은 곳이 그의 손안에 있으며 산들의 높은 곳도 그의 것이로다. 바다도 그의 것이라 그가 만드셨고 육지도 그의 손이 지으셨도다. 오라 우리가 굽혀 경배하며 우리를 지으신 여호와 앞에 무릎을 꿇자 그는 우리의 하나님이시오 우리는 그가 기르시는 백성이며 그의 손이 돌보시는 양이기 때문이다. 너희가 오늘 그의 음성을 듣거든 너희는 므리바에서와 같이 또 광야에서 맛사에서 지냈던 날과 같이 너희 마음을 완악하게 하지 말라.

시 96:6~7　　존귀와 위엄이 그의 앞에 있으며 능력과 아름다움이 그의 성소에 있도다. 만국의 족속들아 영광과 권능을 여호와께 돌릴지어다 여호와께 돌릴지어다.

시 96:9　　　아름답고 거룩한 것으로 여호와께 예배할지어다 온 땅이여 그 앞에서 떨지어다.

시 96:10~12　모든 나라 가운데서 이르기를 여호와께서 다스리시니 세계가 굳게 서고 흔들리지 않으리라. 그가 만민을 공평하게 심판하시리라 할지로다 하늘은 기뻐하고 땅은 즐거워하며 바다와 거기 충만한 것이 외치고 밭과 그 가운데에 있는 모든 것

을 즐거워 할지로다 그때 숲의 모든 나무들이 여호와 앞에서 즐거이 노래하리니

시편 24:1 땅과 거기에 충만한 것과 세계와 그 가운데에 사는 자들은 다 여호와의 것이로다.

시 89:11 하늘이 주의 것이요 땅도 주의 것이라 세계와 그 중에 충만한 것을 주께서 건설하셨나이다.

시 90:2 산이 생기기 전 땅과 세계도 주께서 조성하시기 전 곧 영원부터 영원까지 주는 하나님이시니이다.

시 102:25~28 주께서 옛적에 땅의 기초를 놓으셨사오며 하늘도 주의 손으로 지으신 바이니다. 천지는 없어지려니와 주는 영존하시겠고 그것들은 다 옷같이 낡으리니 의복같이 바꾸시면 바뀌려니와 주는 한결 같으시고 주의 연대는 무궁하리이다. 주의 종들의 자손은 항상 안전히 거주하고 그의 후손은 주 앞에 굳게 서리이다 하였도다.

시 103:15~18 인생은 그날이 풀과 같으며 그 영화가 들의 꽃과 같도다. 그것은 바람이 지나가면 없어지나니 그 있던 자리도 다시 알지 못하거니와 여호와의 인자하심은 자기를 경외하는 자에게 영원부터 영원까지 이르며 그의 의는 자손의 자손에게 이르리니 곧 그의 언약을 지키고 그의 법도를 기억하여 행하는 자에게로다.

시 112:1~5 할렐루야 여호와를 경외하며 그의 계명을 크게 즐거워하는 자는 복이 있도다. 그의 후손이 땅에서 강성함이여 정직한 자들의 후손에게 복이 있으리로다. 부와 재물이 그의 집에 있음

이요 그의 공의가 영구히 서 있으리로다. 정직한 자들에게는 흑암 중에 빛이 일어나나니 그는 자비롭고 긍휼이 많으며 의로운 이로다. 은혜를 베풀며 꾸어주는 자는 잘되나니 그 일을 정의로 행하리로다. 그는 영원히 흔들리지 아니함이며 의인은 영원히 기억되리로다.

시 115:13~15 높은 사람이나 낮은 사람을 막론하고 여호와를 경외하는 자들에게 복을 주시리로다. 여호와께서 너희를 곧 너희와 너희의 자손을 더욱 번창하게 하시기를 원하노라. 너희는 천지를 지으신 여호와께 복을 받는 자로다 하늘은 여호와의 하늘이라도 땅은 사람에게 주셨도다.

시 100:3~5 여호와가 우리 하나님이신 줄 너희는 알지어다. 그는 우리를 지으신 이요 우리는 그의 것이니 그의 백성이요 그의 기르시는 양이로다. 감사함으로 그의 문에 들어가며 찬송함으로 그의 궁정에 들어가서 그에게 감사하며 그의 이름을 송축할지어다. 여호와는 선하시니 그의 인자하심이 영원하고

시 119:91~93 천지가 주의 규례들대로 오늘까지 있음은 만물이 주의 종이 된 까닭이니이다. 주의 법이 나의 즐거움이 되지 아니하였더면 내가 내 고난 중에 멸망하였으리이다. 내가 주의 법도들을 영원히 잊지 아니하오니 주께서 이것들 때문에 나를 살게 하심이니이다.

나의
자녀들

나에게 자녀를 주신 하나님 아버지께 무한한 감사와 찬양과 영광을 돌립니다.

나의 소중한 자녀들의 이야기를 적어보려고 한다. 내가 오늘까지 하나님 앞에서 말씀과 기도에 집중하게 되면서 때로는 하루에 20시간이 넘게 보통 때는 10시간이 넘게 앉아 있으면서 조금 힘들고 지칠 때도 있었고 어느 때는 세상에 나가서 사는 것이 즐거워 보이고 행복해 보이기도 했다. 그러나 오늘까지 나를 이 자리에 있게 해준 것은 나의 사랑하는 자녀들의 힘이 크게 작용하였다. 사람은 누구나 상대방의 허물은 잘 보이는데 정작 자신의 허물은 보지 못하고 지나쳐 버리는 경우가 많다. 그런데 하나님께서는 자녀를 통해서 내가 보지 못했던 허물과 죄를 발견하고 깨닫게 하셨고 회개하게 하셨다. 그러므로 자녀는 나 자신을 돌아보게 하는 거울이 되는 것이다. 내가 지금 현재 하나님 앞에서 신앙이 몇 점짜리가 되는가 하는 것을 알려면 자녀를 보면 바로 알 수 있다.

나는 지금까지 교회를 다닌 것이 45년 되었고 예수님을 믿고 거듭난 것은 겨우 15년밖에 되지 않았다. 내가 거듭남 없이 교회를 다녔을 적에는 나의 자녀들도 세상 밖에서 살았다. 그러나 어느 날 내가 주님 앞에서 통회자복하며 회개하고 거듭나서 주님 안으로 들어왔을 때 나의 자녀들도 주님 안으로 들어와서 신앙생활을 올바로 하게 되었다.

어느 날은 딸을 보기 위해 딸네 집에 갔는데 큰 외손녀가 두 살 먹었을 때였다. 두 살 먹은 외손녀의 얼굴이 온통 퉁퉁 부어 있는 것이었다. 나는 딸에게 왜 이렇게 아기 얼굴이 부었느냐고 물어보았더니 밤새 잠자는데 벌레가 아기 얼굴을 물어서 그렇다고 했다. 그때 성령님께서 나에게 내 죄 때문이라고 하셨다. 아기 얼굴이 저렇게 퉁퉁 부은 것이 나의 죄 때문이라는 것이다. 나는 순간 나의 죄 때문에 아기 얼굴이 저렇게 퉁퉁 부은 것이 이해가 되지 않았다. 나는 지금까지 주님을 믿으면서 영적으로 돌아온 이후에 모든 죄를 다 회개하고 깨끗한 줄로만 알고 있었다. 그리하여 집으로 돌아와서 주님 앞에 앉아서 기도를 드렸다. 아직까지도 나의 죄를 깨닫지 못하여 회개하지 못한 것이 있으면 깨닫게 해주시라고.

주님께서는 나의 모든 죄를 낱낱이 깨닫게 해주셨는데 그러니까 내가 맨 처음 주님을 만나고 주님 뜻대로 주님 안에서 살지 않고 말로만 주님을 믿고 교회를 다니면서 나의 온 마음은 다 세상 밖으로만 가서 세상 속에 빠져서 육신적으로만 살아왔다. 아무리 땀 흘리며 노력하였어도 나중에는 껍데기만 남게 되어 있었고 결국 깨뜨려지고 가루가 되어서야 주님 앞으로 오게 되었다. 그러니까 주님을 떠나서 세상적으로 살아왔던 모든 것이 죄뿐이었던 셈이다. 하루는 아기를 데리고 우리 집에서 잠을 자게 되었는데 새벽 3시가 되자 아기가 갑자기 일어나더니 얼마나 서럽게 우는지 보통 우는 그런 모습이 아니었다. 그렇게 아기가 서럽게 슬프도록 애절하게 우는 것이었다. 아기의 울음소리가 보통 울음이 아닌 것을 보고 그리하여 새벽 기도회에 나가서 기도를 드리는데 주님께서 회개의 영을 부어 주셨고 너무나도 놀라운 것은 내가 지금까지 단 한 번도 생각나지 않고 생각하지도 않았던 일들이 영상으로 차례대로 보이는 것이었다.

그러니까 내가 아홉 살 때 시골에서 살 때 나의 막내 여동생이 세 살 먹고 사촌 여동생이 세 살 먹었을 적의 일이다. 어느 날 두 동생이 아장아장 마당 밖에서 놀고 있었다. 아기 둘이서 그렇게 마당에서 놀고 있는데 나는 그냥 아무 생각 없이 나의 동생을 데리고 집으로 돌아왔다. 당시 사촌 동생에게는 위로 나보다 한 살 많은 언니가 있었고 또 언니가 있어 두 명의 언니와 여러 명의 오빠가 있었다.

그런데 저녁 어두울 무렵 옆집의 큰집에서 갑자기 울음소리가 들리는 것이었다. 왜 그런고 하니 아까 낮에 마당에서 놀던 사촌 동생 3살 먹은 아기가 우물에 빠져 죽었던 것이다. 나는 그때 그 아이가 우물에 가서 빠져 죽을 것이라고는 생각도 못했다. 당시 마당에서 그 우물의 거리는 상당히 멀었고 누가 아기가 그곳까지 걸어가서 빠져 죽을 것이라고 생각이나 했었을까. 그럴 줄 알았다면 아까 낮에 사촌 동생 아기도 같이 데리고 올 것을 하면서 슬프고 안타까운 마음이 들었다. 그런데 지금 55년이 지난 때에 하나님께서는 그때 그 장면들을 영상으로 보여 주시면서 나를 회개시키시는 것이었다. 하나님께서는 모든 사람들의 마음을 꿰뚫어 보시는 것이다. 그때 내 나이 아홉 살 먹었을 때였지만 나의 양심을 하나님께서는 보고 계셨다. 내가 그때 사촌 동생 아기를 내 동생과 함께 데리고 왔더라면 그 아기는 우물에 가서 빠져 죽지 않았을 것인데 내가 데리고 오지 않았기 때문에 아기가 우물에 빠져 죽은 것이었다.

그러니까 어젯밤에 외손녀가 우리 집에 와서 잠을 같이 자게 하신 것도, 갑자기 잠자던 아이가 일어나서 그렇게 슬프고 서럽게 울게 하신 것도 하나님께서 나의 죄를 보여 주시기 위해서였다. 지금까지 까맣게 잊고 단 한 번도 생각이 나지 않던 그때 그 장면을 재현해 보여 주시는데 나는 완전히 고꾸라지고 대성방곡하며 울고 회개했다. 놀라운 것은 지금 살았으면 50이 거의 다 되었을 나이인데도 지금 내 앞에 나타난 사촌 동생은 그때 3살 먹은 아기로 나타나서 내 앞에서 서럽고 슬프게 막 흐느끼며 울고 있는 것이었다. 너무 불쌍하고 가엾기만 하고 마음이 아프다.

나는 순간 사촌 동생 아기에게 막 용서를 빌었다. 그때 내가 잘못했으니 나를 용서해달라고. 나도 막 울면서 용서를 빌었다. 그리고 내가 용서를 빌자 동생 아기는 나를 용서해 주는 것 같은 감정을 느끼게 했다. 그리고 아기는 잠시 후에 나를 떠났다. 이날 이후로 나는 나의 손녀딸들이 어디가 아프거나 다치거나 하게 되면 바로 나를 돌아보게 되었고 기도하게 되었고 하나님 앞에서 나는 과연 흠도 점도 없이 깨끗한 그릇인가 하며 나를 점검해 보기도 한다. 이날 이후로 나의 손녀딸과 함께 우리 집에서 잠을 자는 날이 몇 번 더 있었는데 한 번도 자다가 일어나서 우는 일이 없었고 새벽까지 새근새근 깊은 단잠을 잤다.

만약 하나님께서 나에게 자녀들을 주시지 않았다면 나는 아직도 세상에 깊이 빠져서 갈 바를 알지 못하고 세상 사람들과 똑같이 살면서 멸망을 당하였을지도 모를 일이다. 그러므로 하나님께서는 나를 온전히 하나님의 자녀로 쓰시기 위해서 오늘도 내일도 자녀들을 통해서 나를 더욱더 하나님 앞으로 가까이 다가가도록 이끄시고 훈련시키신다. 나의 자녀들은 나에게 있어 최고의 보배이며 행복이며 기쁨이며 축복이며 활력소가 된다. 또 나를 천국 길로 갈 수 있도록 내비게이션 역할을 해준다.

영의 사람,
육의 사람

세상에는 두 종류의 사람이 있다.
영의 사람과 육의 사람이다.

요6:63   살리는 것은 영이니 육은 무익하니라. 내가 너희에게 이른 말은
영이요 생명이라

영의 사람은 거듭나서 주와 합한 영으로 사는 사람을 말한다. 영의 사람은 하나님의 말씀을 청종하고 순종하며 하나님과 이웃을 사랑하며 오직 주님 안에서 살게 된다. 영의 사람은 살아 있는 생명으로 사는 것이다. 영의 사람은 세상을 이길 수 있고 죄악을 이길 수 있고 마귀를 이길 수 있고 태산 같은 환경을 이길 수 있고 내 앞에 있는 홍해를 건널 수 있고 날마다 성령이 충만하여 승리의 삶을 살 수 있으며 평강과 희락과 기쁨과 행복과 축복과 안전한 가운데서 온갖 모든 좋은 하늘의 신령한 보화와 보물을 다 갖고 누리며 살게 된다(갈 5:22)

(약 1:17).

천지와 만물을 창조하신 하나님도 예수님도 성령 하나님도 전지전능하신 영의 하나님이시다.

그러므로 사람은 주와 합하여 한 영으로 살 때에만 이 땅에서 진정한 성공을 할 수 있으며 최상 최고의 행복과 축복과 형통과 승리의 삶을 살 수 있게 된다.

예수님 생명 없이 사는 사람은 생명 없는 마네킹과 다를 바 없으며 겉은 아름답고 화려하게 보이나 생명이 없는 조화 같다. 성경에는 영의 사람이 명확하게 기록되어 있다. 성경에 있는 그 많은 인물들을 여기서 다 말할 순 없다. 대표적 인물로 몇 사람만 예를 들어보자면 모세 선지자, 엘리야 선지자, 세례 요한, 사도 바울 끝도 없이 많다.

육의 사람이란 세상적이요 정욕적이요 마귀적인 사람이다. 하나님 말씀을 청종하지 않으며 순종할 수도 없다. 육의 사람들에 대해서 신구약 성경에 자세히 기록되어 있다(갈 5:19~21)(엡 4:18~22)(골 3:5~9)(딤전 1:9~10)(딤전 4:1~3)(딤전 5:6)(벧후 2:16~22)(요한 1서1:8~10)(골 3:5~9)(딤전 2:15~18)(요한 1서3:13~15)(유 1:5~8)(유 1:16)(유 1:19)(고전 3:3~5)(롬 1:21~32)(롬 2:5~8)(롬 3:10~18)(롬 3:23).

성경에서 육으로 사는 사람들은 하나님을 뵙지 못하고 패망하고 멸망받을 수밖에 없다고 기록되어 있으며 육의 사람들은 하나님과 원수를 맺고 사는 사람이라고 말씀하신다(롬 8:7).

하나님의 뜻을 따르지 않고 자기 마음대로 자기 멋대로 사는 사람을 육의 사람이라고 한다. 그 대표적인 인물은 엘리 대제사장(삼상 2:22~25), 시드기야 왕(렘 39:6~10)을 비롯하여 많다. 이 사람들은 하나님을 너무나도 잘 알고 하나님을 믿으며 하나님께 예배를 드렸던 사람들이다. 그러나 이 사람들은 육으로만 살았던 사람들이었기에 패망할 수밖에 없었다. 육으로 사는 사람들은 하늘의 신령한 은사나 은혜 같은 것을 체험하지 못한다. 육으로 사는 사람들은 내 앞에 놓여 있는 태산 같은 환경을 이길 수 있는 힘이 없다. 그래서 세상만을 의지하며 우상을 섬기게 되고 마귀를 따라갈 수밖에 없다.

육의 사람은 나의 죄성을 알지 못하고 깨닫지도 못한다. 힘든 일이 있으면 하나님을 찾지 않고 사람을 따라가면서 세상적으로만 모든 일을 해결해 보려고 한다. 육의 사람은 영적으로 소경이 되었기 때문에 영적인 일은 볼 수 없고 알 수도 없고 깨닫지도 못한다. 주님께서는 그 당시 이스라엘의 최고 지도자였고 온 백성에게 존경을 받고 있었던 서기관 바리새인 율법사들을 향해서 화 있을진저 소경된 인도자여 너희가 말하되 누구든지 성전으로 맹세하면 아무 일 없거니와 성전의 금으로 맹세하면 지킬지라 하는도다. 뱀들아 독사의 새끼들아 너희가 어떻게 지옥의 판결을 피하겠느냐(마 23:16,33).

그러므로 성경은 육신의 생각은 사망이요 영의 생명은 생명과 평안이니라(롬 8:6)고 말한다.

예수님은
만병의 의사이시다

예수님은 만병을 치료하는 의사시다. 세상 병원은 육은 치료해도 영혼을 치유하지는 못한다. 그러나 예수님은 우리의 영혼 육을 동시에 다 치료해 주신다.

하나님은 사람의 눈에는 보이지 않는다. 그러나 천지와 만물을 창조하고 다스리며 통치하는 하나님이시다. 그러므로 우리는 눈에 보이지 않는 하나님을 보이는 하나님처럼 믿는 믿음이 중요하다. 지금 이 시간에도 예수님께서는 질병으로 고생하는 하나님의 자녀의 질병을 고쳐 주시기를 원하신다. 질병으로 고생하는 것은 절대로 하나님의 뜻이 아니다. 하나님 아버지께서는 질병으로 고생하고 있는 하나님의 자녀를 불쌍히 보신다.

예수님께서 이 땅에 계셨을 때에도 대부분의 사역을 영혼 육을 치유하시는 데 보내셨다. 예수님이 이 땅에 오신 목적도 자기 백성을 죄에서 구원하기 위해서이다(마1:21). 예수님은 못 고칠 병이 하나도 없으신 전지전능하신 하나님이다. 문제는 나의 믿음이다. 예수님께서는 지금 나의 모든 문제를 해결해 주시고 모든 질병을 치유해 주시기 위해서 우리 안에 와 계신다. 그러나 나의 죄로 인하여 영적인 눈이 감겨 예수님을 볼 수 없다. 오직 회개하고 믿음으로 주님께 나아가야만 질병에서 고침을 받고 문제 해결을 받을 수 있게 된다. 영혼이 치유가 되면 육신의 질병은 저절로 치유가 된다. 주님께서는 영혼을 구원시켜 주시기 위해 인간의 생각을 초월하신다.

예수님께서는 귀신 들려 고생하는 거라사 청년을 불쌍히 여겨 배를 타고 멀리 거라사 지방에까지 찾아가 귀신을 쫓아주셨고 청년을 구원해 주셨다.

여기에서 우리는 예수님의 끝없는 사랑과 긍휼과 자비와 은혜를 엿볼 수 있다. 한 영혼을 구원시켜 주시기 위해서 주님은 먼 곳까지 찾아가셨다. 주님께서는 돼지 2,000마리를 희생시키면서까지 한 영혼을 구원시켜 주셨다.

혈루증 여인은 주님을 만나서 치유받았다. 이 혈루증 걸린 여인은 병으로 인하여 영혼이 구원을 받게 된 것이다(막 5:25).

회당장 야이로의 딸로 인하여 그 가정이 구원을 받게 된 것이다. 하나님께서 우리 한 사람 한 사람을 구원시켜 주시기 위해서 사람의 생각을 초월하시며 다양한 방법을 통하여 구원시켜 주신다(막 5:36~43).

어떤 사람에게는 물질로, 어떤 사람에게는 질병으로, 어떤 사람에게는 문제를 통하여, 어떤 사람에게는 자녀를 통하여 이 세상 모든 사람을 구원시켜 주시기 위해서 구원의 문을 활짝 열어 놓고 기다리고 계신다. 이 구원의 문이신 예수님의 문으로 들어가게 되면 죄와 사망과 멸망에서 구원받는다. 질병에서 고침받는다. 가난에서 부유케 된다. 모든 문제를 해결받는다.

이 문은 거룩한 문이다. 깨끗한 문이다. 죄 가지고는 들어갈 수 없는 문이다. 회개한 자만이 들어갈 수 있는 거룩한 문이다. 회개하고 이 문으로 들어가기만 하면 온갖 귀한 보화와 보물이 다 예비되어 있다. 그러므로 믿음의 눈으로 보아야 한다.

회개하고 거듭난 자는 모든 좋은 선물들을 다 받을 수 있다. 회개하고 죄사함받는 것은 구원의 문으로 축복의 문으로 들어가기 위한 첫 관문이다. 예수님께서는 2000년 전에 천국을 가지고 이 땅에 오셨다. 천국을 누리고 못 누리고 하는 것은 모두 본인의 믿음이다.

마 3:2　회개하라 천국이 가까웠느니라 하였으니

회개는 죄에서 떠나는 것을 말한다. 물로 씻어 깨끗함을 받았다는 뜻이다. 죄사함의 뜻은 예수님 십자가 보혈의 공로로 죄씻음받고 죄용서받았다는 뜻이다.

천지 만물을 창조하신 성령 하나님께서는 만병의 대의사시고 만병의 치료자가 되신다.

2013년 12월 5일 둘째 손녀딸이 태어난 지 한 달 조금 넘어서 딸집에 가보았더니 아기의 숨소리가 이상하고 예사롭지 않아 보였다. 대단히 위험하고 위급한 상황이라는 것을 알 것 같았다. 이런 상황이라면 빨리 아기를 데리고 대학 병원에 가야 했다. 그러나 나는 아기의 가슴에 손을 얹고 하나님 아버지께 간절히 기도를 드렸다. 죽은 자도 살리시고 사람의 태의 문을 닫기도 하고 열기도 하시는 예수님 십자가 보혈만을 의지하며 간절히 기도를 드렸다. 한참 기도를 드리고 나니 아기의 숨소리가 조금 가라앉는 것 같았다. 나는 집에 돌아와서도 밤새워 간절히 기도만 했다. 아기는 점점 좋아졌고 정상으로 돌아왔다.

나는 생각해 본다. 이때 다른 사람 같았으면 무조건 대학 병원으로 달려갔을 것이다. 그러면 두말할 것 없이 아기 코에다 산소호흡기를 대고 수술을 했을 수도 있었다.

그러나 나는 항상 죽은 자도 살리시는 주님만을 의지하며 기도하는 것이 습관처럼 되어 있다. 그날도 아기를 보고 집에 와서 기도 중에 환상을 보게 되었는데 의사들이 파란 가운을 입고 입에 마스크를 하고 아기의 심장 쪽을 수술하는 장면을 보게 되었다. 위급하고 중한 병을 주님께서는 수술도 하지 않고 고쳐 주신 것이다. 그 당시 딸과 우리는 아기를 데리고 병원을 갈 수 있는 형편도 상황도 못 되었던 것을 주님께서는 너무도 잘 아시고 주님의 십자가 피 묻은 손으로 깨끗이 치료해 주셨던 것이다.

그 후 우연히 TV를 보게 되었는데 우리 아기와 비슷한 상황으로 태어난 지 한 달 조금 넘은 아기의 코에 산소호흡기를 끼고 수술을 하는 것을 보게 되면서 우리 아기도 만일 병원으로 갔었더라면 저 아기와 같이 수술을 할 수밖에 없었다는 것을 알게 되었고 우리 아기를 수술도 하지 않고 깨끗이 고쳐 주신 주님의 십자가 보혈 공로에 한량없는 감사를 드린다.

오직 주님의 십자가 보혈의 공로를 의지하여 기도하는 것은 세상

의술을 뛰어넘을 수 있다는 것을 다시금 깨닫게 되었다.

민음으로 산다는 것은 날마다 기적을 창출하며 사는 것이며 영의 세계는 신비의 세계라고 할 수 있다.

나의
여동생

오랜만에 엄마 집에서 동생과 만났다. 오랜만에 만나서 동생과 이런저런 이야기를 나누는데 동생이 기침을 심하게 하는 것이었다. 보통 그런 기침이 아니라 항아리 기침을 하는 것이다.

저녁때가 다 되어 동생과 함께 엄마 집에서 나왔다. 나하고 방향이 같은데 동생은 서울로 가는 버스를 탄다고 하며 그쪽으로 가는 것이다. 왜 서울을 가느냐고 물었더니 서울에 있는 어느 한약방에서 감기약을 잘 짓는 데가 있어서 간다고 한다. 그래서 나는 우리집 가는 버스 정류장 쪽으로 오고 동생은 서울로 가는 버스 정류장 쪽으로 갔다. 이쪽에 와서 건너편 쪽에 있는 동생을 바라보았더니 버스를 타기 위해 서 있었다.

날씨도 어둡고 추운데 동생이 서 있는 것을 보니 가엾고 안쓰러웠다. 이때 성령님께서 나에게 말씀해 주셨다. 저 병은 보통 병이 아니고 아무리 용하다는 데 가서 약을 지어 먹어도 낫지 않는다고 하신다.

나도 성령님께서 말씀해 주시기 전에 이미 알고 느끼고 있었다. 동생이 아무리 유명한 병원이나 약국에 가서 처방을 받아도 나을 수 없다는 것을 저절로 알게 되는 것이었다. 집으로 돌아와서 하나님께 동생의 저 병을 고쳐 달라고 밤새워 기도를 드렸다.

새벽에도 그 이튿날도 계속해서 기도를 드렸다. 그리고 삼일 후쯤 궁금하여 전화를 해봤다. 전과는 달리 동생의 목소리가 밝고 명랑했다. 순간 기뻤다. 하나님께서 깨끗이 고쳐 주셨다는 것을 알았다. 하나님 아버지의 한량없는 은혜와 사랑을 무한 감사드리는 바이다.

사 53:5 　그가 찔림은 우리의 허물 때문이요 그가 상함은 우리의 죄악 때문이라 그가 징계를 받으므로 우리는 평화를 누리고 그가 채찍에 맞으므로 우리는 나음을 받았도다.

이 집사님

교회에서 사순절 특별 새벽 기도회가 시작되었다. 하루도 빠지지 않고 나오는 사람에게는 상품권도 걸어 놓은 터라 전 교인이 다 나오다시피 했다.

이날도 나는 계단을 올라가고 있는데 바로 앞에서 이 집사님이 절뚝절뚝하며 간신이 올라가고 있었다. 그래서 왜 그러냐고 물어봤더니 양쪽 뼈가 닳고 닳아서 수술도 할 수 없고 걸을 때마다 양쪽 뼈가 부딪히게 되면 너무 아파서 그런다고 했다. 주일날 예배를 마치고 저녁에 집에서 무엇을 하고 있는데 갑자기 성령님께서 이 집사 위해서 가서 기도를 해주라고 하신다. 나는 이 집사님을 교회에서만 보게 되었음으로 집사님이 어디에 사는지 집도 모른다.

시계를 보니 9시가 다 되었다. 전화를 걸어 집사님을 찾아간다고 하자 이 밤중에 어쩐 일로 우리 집엘 오시느냐며 어찌어찌 찾아오라고 집을 가르쳐 주어 찾아갔다.

집사님은 무슨 부업을 하는 것 같았다. 원래 다리가 아프기 전에는 아파트 계단 청소를 하였는데 다리가 아프다 보니 집에서 무슨 부업을 하는 것이었다. 이 밤중에 어인 일로 오셨느냐고 하며 의아해하였다. 그래서 주님께서 갑자기 집사님 다리를 위해 기도해 주라고 해서 왔노라고 하며 20분 정도 집사님 다리 위에 손을 얹고 기도를 드리고 돌아왔다. 사순절 새벽기도회도 끝나고 교회에서 집사님을 만날 기회는 없었다. 그리고 얼마 후 버스를 타기 위해 버스 정류장을 갔는데 집사님이 거기 앉아 있는 것이다. 화장도 하고 건강한 모습으로 어딜 가기 위해 버스를 기다리고 있는 듯했다. 나는 집사님에게 그때 주님께서 만져 주셨을 때 다 나았지요 하니, 네 그때 기도받고 다 나아서 다시 아파트 청소를 하러 다닌다고 하며 고마워요 하는 것이다.

각 사람의 사정과 형편을 너무나도 잘 알고 계신 주님께서는 밤이나 언제 어디서라도 사랑하는 당신의 백성을 불쌍히 보시고 고쳐 주시고 싸매 주신다.

남편을 식중독에서 건져 주셨다

　　　　　　　　　늦은 저녁 시간에 남편이 돌아오면서 저녁은 어느 식당에서 먹고 온다고 한다. 남편은 곧바로 방으로 들어가 TV를 보는 것 같더니 이내 잠이 든 것 같았다.

　나는 항상 이쪽 방에서 있으므로 방을 각각 따로 썼다. 그런데 자정이 넘었을까 나는 이쪽 방에서 성경을 읽고 있는데 갑자기 안방에서 남편의 신음 소리가 들리는 것이었다. 무슨 소린가 하여 달려가 보았더니 남편이 나 죽겠네 나 죽겠네 하며 신음하고 있는 것이다. 직감적으로 상당히 위급하다는 것을 느꼈다. 눈꺼풀은 밑으로 처지고 얼굴은 핏기를 잃고 양쪽 팔은 밑으로 축 늘어지고 있었다. 금방 숨을 거둘 것 같은 모습이었다. 나는 즉각 남편 배에다 손을 얹고 불같이 기도를 드렸다. 한참을 막 기도를 드리는데 남편의 눈이 떠지더니 얼굴에 핏기가 돌아오고 축 늘어졌던 양손이 움직였다. 그러더니 남편이 벌떡 일어나서 화장실로 달려가 변기 뚜껑을 열고 막 토하기 시작했다. 나도 함께 따라와 남편이 막 토하는 것을 보게 되었다. 세상에 어쩌면 남편 입에서 토해내는 것은 새까만 오물같은 것이다. 얼마나 많이 쏟아 내던지 그 새까만 오물이 변기통 안에 가득 찼고 마치 새까만 연탄을 깨뜨려 풀어 놓은 것 같았다.

오물을 다 쏟아 낸 남편은 푸우 하고 힘 있는 발걸음으로 다시 방으로 돌아와 침대에 눕더니 이내 코를 골며 깊은 잠을 자는 것이었다.

나는 생각해 본다. 만일 내가 믿음이 없었더라면 하나님께서 치료해 주시지 않았다면 남편은 분명히 사망을 할 수밖에 없었다.

만일 119를 부르게 된다면 오기도 전에 벌써 숨을 거두었을 것이다. 그래서 믿음으로 산다는 것은 중요하고 위대하다는 것을 새삼 느끼고 깨닫게 된다. 이 모든 영광을 오직 하나님 아버지께 올려 드립니다.

막 9:29 기도 외에 다른 것으로는 이런 종류가 나갈 수 없느니라.

약 16:17

믿는 자들에게는 이러한 표적이 따르리니 저희가 예수 이름으로 귀신을 쫓아내며 새 방언을 말하며 뱀을 잡으며 무슨 독을 마실지라도 해를 받지 아니하며 병든 자에게 손을 얹은즉 나으리라.

CHAPTER

6

오직
기도만이
답이다

모든 인생은 주님을 믿고 의지하며 주님 안에서 살아야 한다.
오직 전지전능하신 주님만이 우리를 휘몰아치는 폭풍 가운데서 건져 주시고
태산 같은 환경에서 건져 주신다.

십자가 보혈

교회는 예수님의 십자가 보혈로 가득 찬 곳이다.

예수님 십자가 보혈은 죽은 영혼을 살린다.

예수님 십자가 보혈은 태산 같은 문제를 해결한다.

내 힘으로는 홍해를 건널 수 없다.

내 힘으로는 여리고 성을 무너트릴 수 없다.

내 힘으로는 용서가 되지 않는다.

내 힘으로는 억울하고 분한 감정을 도저히 이길 수 없다.

그러나 십자가 보혈만이 이 모든 것을 뛰어넘는다.

주님께서 함께할 때 이 모든 것을 할 수 있다.

기도만이 이 모든 것을 뛰어넘을 수 있게 한다.

예수님 십자가 보혈을 의지해야 한다.

예수님 십자가 보혈은 살아계신 생명이다. 권능이다. 능력이다.

예수님 십자가 보혈을 의지하는 의지만이 권능이고 능력이며 살아
있는 생명이다. 예수님께서는 온 인류를 죄와 사망에서 건져 주셨기

때문이다.

사 53 : 5   예수님께서 찔림은 우리의 허물을 인함이며 예수님께서 상함은
우리의 죄악 때문이요 예수님께서 징계를 받으심으로 우리가 평
화를 누리고 예수님께서 채찍을 맞으심으로 우리가 나음을 입
었도다.

예수님께서는 우리의 모든 질병을 십자가에서 다 해결해 주셨다.
그러므로 예수님 십자가 보혈을 의지해야 한다.

나에게는 두 명의 사랑스럽고 소중한 외손녀딸이 있다. 지금까지
나의 두 손녀딸을 주님께서 세세하게 돌보아주셨고 키워주셨다.

주님의 십자가 보혈 공로가 아니면 단 하루도 아니 한 시간도 마음
을 놓을 수 없는 상황들이 많았다.

나는 항상 주님께 기도하기를 나의 두 손녀딸을 머리에서부터 발
끝까지 예수님 십자가 보혈로 덮어주시라고 간절히 기도드렸다. 때
로는 긴급하고도 급박한 상황들이 벌어지기도 했는데 그때마다 주님
께서는 위급한 상황들을 이기게 하셨고 참 평안과 승리를 안겨주셨
다. 이러한 급박한 상황을 당하게 되었을 때에 이것은 이 세상의 어떠
한 과학의 힘으로도 의학의 힘으로도 될 수 없는 일들이었다. 참으로
한 치 앞을 내다볼 수 없는 그 급박하고도 긴급한 상황에서 나는 오
직 예수님 십자가 보혈만을 의지하며 기도했다. 예수님 십자가 보혈
만이 살아 있는 생명이기 때문이다. 주님께서는 나의 기도를 들어주
셨고 총 7번의 기적을 베풀어 주셨고 나의 두 손녀딸을 위급한 상황

에서 건져 주셨다. 이 모든 은혜는 오직 예수님 십자가 보혈 공로밖에 없다. 예수님 십자가 보혈 공로가 아니었으면 한 번의 기적도 일어날 수 없었다는 것을 나는 너무도 잘 알고 있다.

참으로 예수님 십자가 피만이 생명을 살릴 수 있고 가장 큰 권능이며 위대하다. 오늘 아침 새벽 3시에도 딸한테서 전화가 왔다. 큰 손녀가 자다가 귀가 아프다고 전화가 온 것이다. 딸한테는 아무 때나 전화가 온다. 밤 12시나 새벽 2시나 5시나 아기가 자다가 조금만 어디가 아프거나 하면 전화를 한다. 이때마다 나는 오직 예수님 보혈만을 의지하며 기도한다. 예수님 십자가 보혈 공로 아니면 나는 단 한 시간도 살 수 없을 것 같다. 나와 나의 혈육, 골육, 자녀들 모두 예수님 십자가 보혈 공로로만 깨끗이 치료를 받았고 모든 태산 같은 문제도 응답을 받았다.

참으로 예수님 십자가 보혈의 은혜는 온 지구보다 더 크고 위대하다.

나는 지금까지 신앙생활을 해오게 되면서 오직 예수님 십자가 보혈 공로로 승리할 수 있었으며 많은 기적을 체험할 수 있었으며 생명을 살릴 수 있었다. 정말이지 나는 예수님 십자가 보혈 공로로만 나의 생명도 살 수 있었다. 나는 지금까지 영적으로 주님 안으로 들어와서 영적으로 살기 시작한 날부터 한 번도 어디가 아파본 적이 없다. 따라서 약국이나 병원을 가본 적이 한 번도 없다. 나의 믿음은 이런 것이다. 예수님 안에 있는 나의 생명은 절대로 아플 수 없다는 것이 나의 믿음이다.

기도하고 있는 그 뜨거운 열기 앞에는 어떠한 질병도 틈타지 못하며 설령 질병이 있다 해도 다 녹아져 버리는 것이었다.

이 세상에 아무리 뛰어나고 훌륭한 의술이 있다 해도 예수님 십자가 보혈을 뛰어넘을 수 있는 것은 아무것도 없다. 어떠한 위대한 과학의 힘도 예수님 십자가 보혈을 뛰어넘을 수 있는 것은 없다. 예수님 십자가 보혈은 온 우주 안에 가득 찼다. 예수님 십자가 보혈만이 생명을 살릴 수 있다. 예수님 십자가 보혈 공로로만 구원받고 천국 갈 수 있다. 예수님 십자가 보혈은 살아 있는 생명이며 부활이며 영원하다.

베데스다 연못은 오늘날의 교회를 말하는 것이다. 교회를 다니는 사람들은 다양하다. 오늘 베데스다 연못 교회는 다양한 사람들이, 각양 각 계층의 사람들이 다닌다. 그런데 특히 병자들이 많다. 여기 38년 병자를 주님께서는 찾아가 만나주셨다. 38년 된 병자는 38년 동안 교회를 다녔지만 주님을 한 번도 만나지 못했다. 누워 물의 움직임을 기다리니 이 문맥을 통해서 알 수 있듯이 이 사람은 게으른 사람이고 신앙의 잠을 자고 있는 사람이었다. 자기가 열심히 기도하여 주님을 만나려고 하기보다는 게으르고 잠자고 있으면서 옆 사람이 자기를 도와주기만을 기다리고 있었다.

믿음과 구원은 주님과 나와의 1대 1 관계다. 누가 옆에서 도와주어서 되는 것이 아니다. 나의 믿음으로 주님을 만나고 구원을 받고 모든 응답과 문제 해결을 받는다. 그러므로 누워서 잠자는 신앙으로는 절대로 주님을 만날 수 없다. 육신의 눈으로도 주님을 만날 수 없다.

성령 하나님은 살아계신 거룩한 영이시다. 그러므로 주님을 만나기 위해서는 거룩한 영으로만 만날 수 있다. 38년 동안 교회를 다녔던 이 병자는 육으로만 신앙생활을 했고 육으로만 교회를 다니고 있었던 셈이다. 육으로는 주님을 만날 수 없다. 육은 쭉정이일 뿐이기 때문이다. 쭉정이 속에는 살아 있는 생명의 씨앗이 없다. 말 그대로 쭉정이뿐이고 겉껍데기뿐인 것이다. 생명이 없는 쭉정이 신앙으로 주님을 만날 수 없는 것은 당연하다. 교회를 50년을 다니고 80년을 다닌다고 해도 쭉정이 믿음으로는 주님을 만날 수 없고 어떤 응답이나 기적 같은 것도 체험하기는 힘들다.

교회를 100년을 다닌다고 해도 쭉정이 신앙으로는 구원받을 수 없다고 성경에서 말씀하셨다. 쭉정이 속에는 살아 있는 생명이 없기 때문이다.

마 3:12 손에 키를 들고 자기의 타작마당을 정하게 하사 알곡은 모아 곳간에 들이고 쭉정이는 꺼지지 않는 불에 태우시리라.

여기서 꺼지지 않는 불에 태운다는 뜻은 지옥을 말한다.
그러므로 물과 성령으로 거듭난 자만이 주님을 볼 수 있다고 하셨다. 거듭난다는 뜻은 예수님의 십자가 보혈 공로로 죄씻음받고 죄사함받아 하나님의 자녀로 새롭게 태어난다는 뜻이다. 거듭나지 않고는 주님을 볼 수 없다고 성경에서 말씀하셨다.

요 3:3 진실로 진실로 네게 이르노니 사람이 거듭나지 아니하면 하나님의 나라를 볼 수 없느니라.

언젠가 주님께서 나에게 오른편 강도에 대해서 말씀을 열어주신 일이 있다. 이 오른편 강도는 평소에 그렇게 못된 짓을 하며 막 살던 사람이 절대 아니었다. 어떻게 해서 십자가에 달린 것인지까지는 자세히 모르지만 그는 평소에 하나님을 경외했고 믿었고 마음이 청결한 사람이었다. 그는 마음이 청결한 사람이었으므로 십자가에 달릴 때에도 예수님을 볼 수 있었고 구원을 받을 수 있었다.

평소에 죄악을 행하며 막 살았던 사람 같으면 십자가에 달릴 때 절대로 주님을 만날 수 없으며 구원받을 수 없다.

마 5:8   마음이 청결한 자는 복이 있나니 저희가 하나님을 볼 것이요.

나는 지금까지 살아오면서 마음이 청결한 자는 사자 굴에서도 건져 주시는 것을 여러 번 보고 체험했다.

하나님 아버지께서는 우리에게 많은 일을 하라고 요구하시지 않는다. 교회 일도 마찬가지다. 어떤 사람들은 교회 일을 무조건 많이 하게 되면 하나님께 충성하는 줄 알고 이 일 저 일 여러 가지 많은 일을 맡아서 하기도 한다. 그러나 너무 여러 가지 일을 많이 맡아서 하게 되면 심신이 지치고 곤하여 주님과 깊은 대화를 가질 시간이 없게 된다. 그래서 주님께서는 성도들이 그렇게 지치도록 많은 일을 하는 것을 절대로 원하지 않으신다. 그저 한 가지만이라도 좋으니 제발 주님 안으로 돌아오라고 주님 품에 거하라고 애타게 기다리고 계신 것이다.

기도 자녀

하나님께서 우리에게 주신 최고의 복은 기도하는 것이다. 이 세상에서 기도를 뛰어넘을 수 있는 것은 아무것도 없다. 호흡하지 못하면 죽는 것같이 기도하지 않는 신앙은 죽은 신앙이다.

자녀를 가진 부모들에게 드리고 싶은 말이 있다. 자녀를 가진 부모는 하루에 최소 3시간 이상의 기도를 해야 한다. 세상은 너무 악하다. 그리고 전쟁터다. 악하고 전쟁터와 같은 세상에서 나의 자녀들은 살아야 한다. 그러므로 자녀들을 안전하게 보호해 주고 지켜줄 수 있는 것은 기도 말고는 없다. 나의 자녀들을 주님 앞에 드리고 기도할 때 주님께서 나의 자녀들을 세세하게 돌보시고 지켜 보호해 주신다. 그러나 나의 기도가 주님 앞에서 응답되고 나의 자녀들이 주님 안에서 보호받기까지 나는 거룩해야 하며 영적인 삶을 살아야 한다.

롬 8:6   육신의 생각은 사망이요 영의 생각은 생명과 평안이니라.

나는 내 주위에서 부모들이 주님 앞에서 올바른 신앙생활을 하지 않을 때에 그의 자녀들이 위험에 빠지거나 사고를 당하는 것을 종종 보게 되었다. 참으로 안타까운 일이 아닐 수 없었다. 내가 주님 안에 온전히 거하여 있을 때에 주님은 모든 응답을 다 해주시며 구하지 않은 것까지도 응답을 해주시며 신음소리까지도 다 듣고 계신다.

기도

　　예수님께서는 이천 년 전에 이 땅에 모든 사람들에게 천국을 주시기 위해서 오셨다. 그러나 많은 사람들이 예수님께서 가지고 오신 천국을 누리지 못하고 죄의 포로가 되어 눌리고 억압되어 살고 있는 것을 볼 수 있다. 주님께서 주신 참 평안과 희락과 기쁨과 참 안식을 누리며 살지 못하고 있는 사람들도 있다는 것이다.

　　어떻게 하면 주님께서 주신 참 평안과 안식 안에서 살아갈 수 있을까. 죄에서 떠나야 한다. 믿음을 가져야 한다. 쉬지 말고 기도하라 범사에 감사하라는 말씀대로 살면 된다. 예수님을 믿는 사람은 항상 깨어 기도하는 삶을 살아야만 승리할 수 있다.

　　기도하지 않고는 영적인 삶을 살 수 없고 승리할 수 없다. 이 세상에서 천지와 만물을 창조하신 하나님 아버지 앞에서 기도하는 것만큼 큰 축복은 없다. 이 세상에서 하나님 아버지 앞에서 기도하는 것을 뛰어넘을 수 있는 것은 아무것도 없다. 기도는 발견하는 것이다. 기도는 수많은 적들을 다 물리치는 것이다. 기도는 나를 이길 수 있는 것이다.

기도는 태산 같은 환경을 이길 수 있는 것이다.

기도하는 사람은 모든 것을 정복할 수 있다.

하나님 자녀는 기도로만 거룩하고 의롭고 빛 된 삶을 살 수 있다.

기도하지 않을 때 죄를 이길 수 없다.

기도하지 않을 때 수많은 원수 마귀를 이길 수 없다.

기도하지 않고서는 나 자신을 이길 수 없다.

기도하지 않을 때에는 허무와 공허감에 빠지기도 한다.

기도는 영적 호흡이다.

기도는 생명이다.

기도를 통해서만 하나님과 만나게 된다.

기도를 통해서 하나님 아버지의 뜻을 깨닫게 된다.

기도를 통해서 순종하게 된다.

내가 할 수 없는 모든 일들을 오직 기도를 통해서만 할 수 있게 된다.

기도는 하늘 문을 여는 열쇠다.

기도는 하나님을 일하시게 한다.

기도는 만사를 변화시키는 신비라고 할 수 있다.

교회 사명

교회는 예수님의 십자가 피 값으로 세워진 거룩한 하나님의 성전이다.

교회는 진리의 기둥이다.

교회는 세상에서 지치고 방황하며 갈 곳을 찾지 못한 사람들의 쉼터와 안식처다.

교회는 세상이 할 수 없는 것을 할 수 있는 영혼 육을 치료하는 병원이다.

교회는 세상의 빛이다.

교회는 세상 사람들에게 피난처다.

교회는 세상이 하지 못하는 것을 해야 한다.

병을 고쳐 주고 귀신을 쫓아주고 약한 사람을 붙잡아 주고 억압받고 눌리고 포로된 사람을 자유케 해주고 가난한 사람을 돕고 세상이 할 수 없는 일을 하는 것이 교회의 사명이라고 주님께서는 말씀하시고 분부하신다. 주님께서는 친히 본을 주셨다. 주님께서는 현세대의 모든 교회들이 사도행전 교회를 닮기를 원하시고 바라신다.

행 2:43   사람마다 두려워하는데 사도들로 말미암아 기사와 표적이 많이 나타나니

행 5:12~13   사도들의 손을 통하여 민간에 표적과 기사가 많이 일어나며 믿는 사람이 다 마음을 같이 하여 솔로몬 행각에 모이고 그 나머지는 감히 그들과 상종하는 사람이 없으나 백성이 칭송하더라.

행 5:14   믿고 주께로 나아오는 자가 더 많으니 남녀의 큰 무리 더라.

     세상 사람들은 사도행전 교회의 믿는 사람들을 경이로움과 신비의 사람으로 보았고 두려워했다. 이처럼 교회는 세상 사람들에게 빛이 되어야 하고 세상 사람들이 할 수 없는 것을 할 수 있으므로 온 백성에게 칭송을 받고 온 백성은 믿는 사람을 두려워해야 한다. 모든 교회는 예수님의 피 값으로 세워졌으므로 주님의 몸 된 교회로서 주님께서 하신 일을 해야 하며 더 큰 일도 할 수 있어야 한다. 교회가 교회로서 사명을 제대로 감당하지 못한다면 나중에 주님 앞에 갔을 때에 부끄러움과 책망을 받을 일이 많을 것이다. 주님께서는 현세대의 모든 교회들이 사도행전적 교회가 되기를 원하시고 바라신다. 예수님께서는 온 세상을 구원하기 위하여 십자가 고난을 받으시고 몸 찢기시고 피 흘려주시고 물 한 방울, 피 한 방울까지도 쏟아주셨다.

     교회가 교회로서의 사명을 온전히 감당하지 못할 때에 많은 영혼들을 이단에게 빼앗기며 양들은 갈 길을 알지 못하고 지치고 방황하

며 헛된 것에 속아 넘어가 귀한 영혼을 도둑질 당하고 빼앗겨 버리게 된다.

교회에서 날마다 기적이 일어나는 것은 너무도 당연한 일이며 교회에서 깊은 영적 체험을 하고 은혜를 받은 성도들은 절대로 교회를 떠나지 않으며 방황하지 않는다. 교회들은 나를 구원해 주시기 위해서 십자가에서 고난당하시고 부활하신 예수님을 날마다 증거하고 선포해야 한다.

마 18:13 진실로 너희에게 이르노니 만일 찾으면 길을 잃지 아니한 아흔아홉 마리보다 이것을 더 기뻐하리라.

마 18:14 이와 같이 이 작은 자 중에 하나라도 잃은 것은 하늘에 계신 너희 아버지의 뜻이 아니니라.

하나님께서
청소년들에게 하시는 말씀

과학이 급속도로 발전하고 미디어와 통신 시대가 빨라지게 되면서 청소년들이 인터넷과 핸드폰 중독에 빠지게 되었다. 장차 이 나라를 짊어지고 가야 할 청소년들이 정신과 생각이 병들고 삐뚤어져 가기도 한다.

청소년이면 미래에 대한 원대한 꿈과 희망을 갖고 건전하고 창조적이며 창의적인 생각을 하며 살아가야 할 시기에 수많은 청소년들이 미래 지향적인 사상과 정신을 갖지 않고 살아가며 잘못된 미디어와 통신 중독에 빠져 폐쇄적이며 피폐한 정신과 생각을 하며 기계처럼 로봇처럼 살아가고 있는 것을 보게 된다. 이 모습이 아이들만의 문제라기보다 어른들의 책임도 크다. 한참 열심히 공부하며 뛰놀며 자라야 할 어린 청소년들에게 핸드폰이나 인터넷을 사용하게 하는 것은 독을 주는 것과 같다. 정신과 생각을 병들게 하고 삐뚤어진 길로 가게 하는 것이다. 그러므로 어른 지도자들이 법적으로라도 어린 청소년들이 인터넷이나 핸드폰을 사용하지 못하도록 법적 제재를 마련해야 한다.

50~60년대는 전화도 없던 시절이다. 그때는 편지로 연락을 주고받고 안부를 물었다. 그때는 청소년들이 지금처럼 정신과 생각이 병들지 않았고 삐뚤어지지도 않았다. 그때의 청소년들은 미래에 대한 건전한 꿈과 희망을 갖고 성실하게 열심히 공부하며 분명한 목표와 목적을 갖고 정직하게 성실하게 살았었다. 학교에서나 어디에서나 쉬는 시간이면 남학생들은 제기차기하고 딱지치기를 하며 운동을 하고 건전하고 즐거운 시간을 보냈고 여학생들은 줄넘기하며 고무줄놀이를 하며 즐겁게 시간을 보냈다.

오늘날 청소년들은 어디서나 핸드폰을 손에서 떼지 않고 보고 있다. 핸드폰에 정신과 생각, 모든 것을 다 빼앗겨 버렸다. 폭력적이며 파괴적이며 더러운 영상물을 보며 정신과 생각이 병들고 삐뚤어져 사회가 도덕적으로 타락하게 되고 문란하게 되었다. 가장 아름다운 미래에 대한 꿈을 갖고 살아야 할 시기인데 마치 인생을 다 산 사람처럼 꿈도 잃어버리고 목표도 향방도 없이 피폐하게 살아가는 청소년들이 너무나도 많다. 이 험악한 세상에서 그들을 구출할 수 있는 것은 오직 하나님 말씀으로만 이 나라의 청소년들을 올바른 길로 진리의 길로 인도할 수 있다. 어릴 적부터 사회에 대한 정의와 공의를 실천하며 배우게 하고 가르치며 나아가야 이 나라의 밝은 미래가 있다.

우상 숭배에 빠진
큰집 식구들

나는 여기서 잠깐 나의 큰집 이야기를 해 보려고 한다. 우리 아버지가 삼 형제 중 막내였으므로 위로 큰집이 둘 있다. 여기에서는 제일 큰집 이야기를 하는 것이다.

여섯 명의 사촌 언니와 오빠들이 있다. 이들은 어렸을 적부터 두뇌가 우수하고 똑똑하고 재능도 뛰어나며 인물도 어디 하나 부족함 없이 참 좋았다. 2등은 어쩌다 한 번 할 뿐이고 항상 1등을 하며 공부를 잘했다. 1960~70년대 서울에 있는 일류 대학을 장학생으로 다녔었다. 시골에서는 이들이 머리 좋고 공부 잘하며 똑똑한 사람으로 소문이 났고 스타같이 보여지기도 했다.

이들은 중학교에 다닐 때부터는 도시에 살았는데 앞에 있는 교회에 다니며 피아노 반주도 하고 주일학교 반사도 하면서 즐겁게 지냈다. 그러나 이들은 대학을 졸업하고 사회에 발을 들여놓으면서 교회에 완전히 발을 끊었다. 당시 큰어머니는 불교를 깊이 열심히 믿었고 우상을 열심히 섬겼다.

사촌들은 어머니를 따라 어머니가 섬기는 불교를 열심히 믿는 것 같았다. 어렸을 적부터 동네 사람들의 부러움을 한 몸에 받고 승승장구하며 위대하게 될 인물들이라고 칭송을 받아가며 살았던 이들은 사회에 진출하면서 좋은 직장도 다니고 결혼도 잘해서 잘 사는 것 같았다. 그러나 화려해 보이던 그들은 결혼에 실패하고 암에 걸려 일찍 세상을 떠났고 어떤 사람은 사기꾼으로 몰리게 되었고 어떤 사람은 좋은 직장을 갖고 평생을 살다가 퇴직을 했는데도 갈 곳이 없어 캄캄한 3층 지하 방에서 비가 오게 되면 방에 물이 가득 차 동사무소에서 나와 물을 빼주며 살게 되었고 어떤 사람은 화려했던 명성은 어디 가고 자존심도 없이 옛날 동네 사람에게 구걸하러 온 사람도 있었다.

큰어머니가 그토록 열심히 섬겨왔던 불교 우상들이 큰집을 완전히 쑥대밭으로 만들어 놓았고 패망을 가져다준 것이다. 우상은 절대로 사람에게 행복을 가져다주지 않는다. 우상은 도둑질하고 죽이고 멸망시키는 일밖에 하지 않는다. 나는 지금껏 내 주위에서 우상 섬기는 사람들이 잘 되는 것을 본 적이 없다. 우상을 섬기는 것은 사단 귀신 마귀를 섬기는 것이므로 귀신 사단 마귀가 하는 짓이란 패망시키고 도둑질하고 죽이고 멸망시키는 짓만 한다. 그러므로 우상을 섬기는 것은 스스로 불행을, 멸망을 자초하는 꼴이다.

예수님이 이 땅에서 첫 메시지(마4:8) 회개하라 천국이 가까웠느니라에서 알 수 있듯이 예수님이 이 땅에 오신 목적은 구원과 영생과 천국을 주시려고 오신 것이다.

영이신
성령님

사람이 이 땅에 태어나서 예수님을
믿고 구원을 받는 것보다 더 위대하고 중요한 일은 이 세상에 없다.
예수님을 나의 마음속에 주인으로 모시고 산다는 것은 날마다 건강하
고 생명력이 넘치는 삶을 살게 한다. 세상은 요란하고 어떻게 보면 쫓
고 쫓기는 치열한 경쟁 속에서 저마다 목표와 목적을 이루기 위하여
집착하고 추구하며 살게 되는 것이 인생이라고 본다. 그런데 많은 사
람들이 가장 최우선으로 집착하며 추구해야 할 가치관을 놓치고 헛된
일에 분요하는 것을 보게 된다. 전도서 1:2 말씀에 볼 것 같으면 솔로
몬 왕이 다음과 같이 고백하는 것을 들을 수 있다. 솔로몬 왕은 창세
이후로 이 땅에서 가장 큰 지혜를 가진 사람이었고 부귀영화를 그와
같이 누려본 사람이 없다고 했다. 그런데 그는 전도서 1:2 한 구절에
서만 인생이 헛되고 헛되다는 말을 다섯 번이나 했던 것이다. 전도서
가 총 12장까지 있는데 그는 35번이나 해 아래서 사는 모든 인생이 헛
되고 헛되며 헛되다고 말했다. 그리고 12장 끝 절에 가서는 그는 이렇

게 고백한다.

많은 사람들이 하나님을 떠나 자기 마음대로 살면서 인생의 무거운 죄 짐을 지고 고통, 방황, 질병, 죽음 등의 문제에 부딪혔다. 지금 세대를 살고 있는 사람들은 최첨단 과학의 발달 아래 화학무기를 개발하고 달나라를 갔다 오며 온갖 문화적인 혜택을 누리며 편안한 삶을 살고 있지만 인간의 힘으로 해결할 수 없는 문제가 있다. 최첨단의 과학으로도, 그 어떠한 것으로도 인간의 힘으로는 해결할 수 없는 것은 죄의 문제다. 인간의 힘으로 도저히 해결할 수 없는 이 죄의 문제를 해결해 주시기 위해서 천지 만물을 창조하신 죄 없으신 하나님이 육신을 입고 이 땅에 내려오셨다. 온 인류의 죄값을 치러 주시기 위해서 십자가에서 고난당하시고 피 흘려주시고 죽으셔야만 했고 장사된 지 삼일 만에 부활하심으로 전 인류를 죄와 사망, 영원한 멸망에서 구원해 주셨다. 그러므로 사람이 이 땅에 태어나서 예수님을 믿고 구원을 받고 사는 것처럼 중요하고도 해괴한 일은 없다. 사람이 온 천하를 다 얻고도 구원받지 못한다면 그것처럼 불행한 일도 없다. 나의 생명이라는 것은 온 천하보다도 귀하기 때문이다.

마 16:26 사람이 만일 온 천하를 얻고도 제 목숨을 잃으면 무엇이 유익하리요 사람이 무엇을 주고 제 목숨과 바꾸겠느냐.

예수님 믿고 구원받은 것은 이 세상 그 어떤 것과도 그 무엇과도 비교할 수 없는 축복이며 행운이다. 예수님을 믿고 구원을 받은 것은 나의 힘으로 노력으로 된 것이 아니다. 이것은 하나님 아버지께서 모든 인생들에게 공짜로 주신 가장 큰 선물이다. 하나님 아버지께서 모든 인생들을 사랑하셔서 거저 주신 이 선물은 돈을 주고도 살 수 없는 것이며 나의 지혜나 지식이나 그 어떤 것으로도 살 수 없는 것이다. 하나님 아버지의 뜻은 모든 인생들이 다 죄사함받고 회개하고 예수님 믿고 구원받고 영생을 누리기를 바라신다.

그러므로 사람이 이 땅에 살면서 예수님을 믿고 구원을 받는 것처럼 중요하고도 시급한 일은 없다. 성경에서는 예수님 생명이 없는 사람을 일컬어 살았다고 하나 죽은 사람이라고 한다. 눅 9:60 성경에서 죽은 사람이라고 하는 것은 그 생명 안에 예수님의 영이 없는 사람을 죽은 사람이라고 하는 것이다. 천지 만물을 창조하신 하나님 아버지는 영으로 계신 분이다. 예수님도 성령 하나님도 영이시다. 그러므로 나의 영혼이 예수 그리스도를 믿고 영접했을 때 주님과 나는 연합된 하나의 영이며 그래서 구원을 받고 영생을 얻을 수 있다.

세상 사람들은 남보다 더 잘 살기 위해 더 가지기 위해 더 높은 자리에 올라가기 위해 노력하고 투쟁하지만 가장 먼저 추구해야 할 것은 놓치고 가는 사람이 많다. 백 번, 천 번을 말해도 사람이 이 땅에서 예수님을 믿고 구원받는 것보다 더 중요한 것은 없다. 모든 사람들은 이 땅에서 잘 먹고 다 갖추고 행복하고 즐겁고 편안하게 살기를 바란다. 그러나 이 모든 것들은 예수님을 믿고 구원받은 사람들에게는 하나님 아버지께서 구하지 않아도 다 주신다. 예수님을 믿고 구원받은 사람들은 날마다 천국을 누리며 행복하고 평안하며 소망이 넘치며 생명력이 넘치는 승리의 삶을 살아간다. 하나님 아버지께서는 자녀들을 한없이 사랑하시고 축복하신다.

전 12:13　일의 결국을 다 들었으니 하나님을 경외하고 그의 명령들을
지킬지어다. 이것이 모든 사람의 본분이니라.

오직 기도만이
답이다

오늘도 습관처럼 기도를 드리고 있는데 아침 일찍부터 동생한테서 전화가 왔다. 동생은 상당히 다급하고 흥분된 목소리로 빨리 돈을 받으러 가자고 하는 것이었다. 그래서 나는 같이 가지 못하는 대신 집에서 기도를 해주겠다며 동생의 청을 거절했다. 동생은 이렇게 급한데 기도는 무슨 기도냐며 격분되고 화난 목소리로 전화를 끊었다.

동생이 돈을 받으러 같이 가자고 하는 내용은 이런 것이었다. 평소 부동산에 관심이 많아 부동산 TV를 보고 있다가 어느 곳에 투자하게 되면 단시일 내에 많은 수익을 얻을 수 있다는 말을 듣고 투자를 하였으나 알고 보니 사기를 당한 것이었다. 그래서 사무실을 찾아가 보니 동생처럼 사기를 당한 사람들이 모여 있다는 것이다. 그중에 어떤 사람은 회수를 한 사람도 있고 몇몇 사람들은 돈을 받기 위해 일찍부터 나와서 기다리고 있었다고 한다. 동생은 자기는 손주를 봐야 하므로 빨리 와야 하므로 나보고 돈을 받을 때까지 밤새도록 기다리고 있으라는 것이었다.

　동생이 저렇게 발을 동동 구르면서 같이 가자고 하는데 거절하기도 여간 힘든 게 아니었다. 그래서 나는 초조하고 안절부절못하는 마음으로 주님께 여쭈어보았다. 이런 때에는 동생과 같이 가주는 것이 하나님 뜻인지 아니면 이렇게 금식하면서 기도를 해주는 것이 하나님 뜻인지 깨닫게 해달라고 기도로 여쭈어보았다. 주님께서는 말씀으로 기도 응답을 주셨는데 가지 말고 집에서 기도를 해주라는 것이었다. 그래서 나는 온종일 기도를 드렸다. 동생은 내가 같이 가지 못하는 대신 집에서 기도해 준다고 하자 화가 머리끝까지 나서 격분되고 화난 목소리로 전화를 끊었다. 기도를 드리는 중에 하나님께서는 평안한 응답을 주셨다. 나는 동생의 요청을 거절하는 대신 금식을 하면서 10시간이 넘도록 기도를 해주었다. 그런데 기적이 일어났다. 나중에 동생에게서 전화가 왔는데 돈을 다 받았다는 것이었다.

막 11:23 　그런즉 무엇이든지 기도하고 구한 것은 받은 줄로 믿으라.

행 1:8

성령이 너희에게 임하시면 권능을 받고 예루살렘과 온 유대와 사마리아와 땅끝까지

이르러 내 증인이 되리라 하시니라.

주님께서
나타나셔서
말씀하시다

믿음으로 승리의 삶을 살기 위해서는 반드시 성령의 충만함을 받아야 한다.
예수님께서도 승천하시면서 제자들에게 오직 성령받을 것을 여러 번 말씀하셨다.
그리스도인이 성령 충만받지 않고는 날마다 승리의 삶을 살 수 없다.

영의 세계

롬 1:26~32   거듭난 사람은 영적인 삶을 살고 구원 영생 천국을 허락받
                지만 거듭나지 못한 사람은 육체의 삶을 살 수밖에 없다-
                사망

요 6:63, 롬 8:6 영을 따르는 자-영의 생각-생명과 평안

롬 8:5~6   육신을 따르는 자-육의 생각-사망과 지옥

영의 세계는 신비의 세계다.

영의 세계는 신비로 가득 찼다.

영의 세계는 무한하고 광대하다.

창조와 생명, 무한한 가능성.

영적인 눈을 뜨고 보니 하나님 아버지께서 지으신 자연과 만물들
이 주님을 우러러 찬양하고 있는 것을 볼 수 있다. 천지 만물을 이토
록 아름답게 창조하신 하나님 아버지의 높고 위대하심에 나는 신비를
느끼며 주님을 찬양한다.

이 땅에 살고 있는 인생들을 위해서 하나님 아버지께서는 그렇게 아름답고 평화로운 자연 만물을 창조해 주셨고 인생들을 위해서 아버지께서 창조해 주신 먹을거리들은 풍부하고 무궁무진하며 무한하다. 들에 있는 과일이며 밭에 있는 채소며 바닷가에 있는 물고기며 이렇게 인생들을 위해서 창조해 주신 먹거리들은 풍부하며 무한하다. 하나님 아버지께서 이 땅에 살고 있는 인생들을 사랑하시고 베풀어 주신 은혜는 무한하며 측량할 수도 없다.

　　이 땅에서 살고 있는 인생들은 하나님 아버지의 그 크신 사랑과 은혜가 없다면 단 하루도 살 수 없다. 낮에는 태양을 주시고 햇볕을 주셔서 들과 밭의 모든 식물들이 자라게 하고 밤에는 이슬을 내려주셔서 산천초목과 들과 밭의 모든 식물들이 자라게 하셔서 인생들로 하여금 풍부한 먹거리를 먹고 즐겁게 살도록 모든 만물을 창조해 주신다.

　　나는 처음에 골방으로 들어와 기도를 시작하게 되었을 때 금식을 많이 하게 되었다. 회개를 많이 한다고 했는데도 내 속에 죄성이 존재했다. 이 죄성을 뽑아내기 위해서는 금식을 안 할 수가 없었다. 금식을 하게 되면서 하나님께서 창조해 주신 먹거리 속에 얼마나 많은 영양소들이 골고루 들어 있는지 놀라지 않을 수가 없었다. 야채면 야채, 과일이면 과일 그 속에 들어 있는 영양소들을 영적인 눈으로 보게 되었을 때 많은 영양소들이 들어 있는 것을 보고 너무 놀라웠고 신비스러웠다.

성령 하나님

성령 하나님은 누구신가? 성령 하나님은 부모님과 같은 분이시다. 구약시대에는 성부 하나님께서 그의 거룩한 선지자들을 통해서 나라를 통치하시고 다스리게 하셨다. 그리고 선지자들을 통하여 예수님을 이 땅에 보내 주시겠다고 약속하셨고 약속대로 예수님께서 이 땅에 오셔서 구원 사역을 완성하시고 승천하셨다. 예수님께서 승천하시면서 성령 하나님을 보내 주시겠다고 말씀하셨고 약속대로 성령 하나님이 오셨다. 지금은 성령의 시대라 할 수 있다.

행 1:8   성령이 너희에게 임하시면 권능을 받고 예루살렘과 온 유대와 사마리아와 땅끝까지 이르러 내 증인이 되리라 하시니라.

행 2:4   저희가 다 성령의 충만함을 받고 성령이 말하게 하심을 따라 다른 방언으로 말하기를 시작하니라.

성령 하나님은 태초에 천지 만물을 창조하신 전지전능하신 하나님이시다. 영이신 전능하신 성령님께서는 부모가 어린 자녀를 돌보아주듯이 예수님을 믿고 구원받은 하나님의 자녀들을 한 사람 한 사람 자세히 돌보아주시고 인도해 주신다. 내 안에 내주하시고 계신 성령님께서는 우리의 모든 것을 아신다. 그러므로 그리스도 예수님을 영접하고 예수님을 믿고 사는 사람들은 사실 천국의 시민권자로서 모든 것을 다 소유하고 사는 자이다.

성령 하나님께서 영으로 내 안에 나와 함께 사시므로 우리는 보통 사람이 아니다. 어마어마한 신분을 가진 사람이다. 내 안에 계신 성령님께서는 나와 일거수일투족을 함께하시며 나의 모든 형편과 사정을 다 아시며 나의 필요를 채워주신다. 내가 천국 갈 때까지 함께하시며 돕고 계신 것이다. 그러므로 우리는 성령 하나님과 함께하지 않으면 아무것도 할 수 없다. 성령 하나님께서 내 안에 계시므로 나는 질병에 걸리지도 않는다. 어떠한 태산 같은 문제가 있다 해도 성령 하나님께서 곧바로 해결해 주신다. 성령 하나님은 거룩한 분이시다. 그러므로 회개하지 않은 더러운 심령 속에서 거할 수 없는 분이시다. 성령 하나님을 내 안에 모시고 살기 위해서는 거룩해야만 한다. 나의 육신의 생각과 세상적인 모든 것을 버려야만 한다.

고전3:16 너희가 하나님의 성전인 것과 하나님의 성령이 너희 안에 거하시는 것을 알지 못하느뇨.

믿음으로 승리의 삶을 살기 위해서는 반드시 성령의 충만함을 받아야 한다. 예수님께서도 승천하시면서 제자들에게 오직 성령받을 것을 여러 번 말씀하셨다. 그리스도인이 성령 충만받지 않고는 날마다 승리의 삶을 살 수 없다. 성령 충만받게 되면 날마다 초자연적인 기적과 축복을 누리며 살 수 있게 된다. 어떠한 질병에 걸렸다 할지라도 성령님께서 다 치료해 주신다. 성령 하나님은 이 세상에 못 고칠 질병이 하나도 없으시다. 성령 하나님은 만병의 의사가 되시며 만병을 다 고쳐 주신다. 또, 어떠한 태산 같은 문제가 있다 해도 성령님께 내려놓으면 즉시 해결해 주신다. 그러므로 그리스도인은 성령님과 함께 사는 것이 중요하다.

하나님을 떠난 사람은
영적 소경이다

천지와 만물을 창조하신 전능하신 하나님이신 예수님께서는 온 인류를 죄와 사망에서 건지시기 위하여 십자가를 지시고 고난받으시고 죽으셨고 삼일 만에 부활하신 것이다. 온 인류를 죄와 사망에서 건지시기 위해서 십자가에서 몸을 찢고 피 흘려주신 주님은 나의 죄값을 대신 치러 주시고 나를 구원해 주시기 위해서 십자가 고난을 받으셨다. 그러므로 하나님 말씀을 나에게 포커스를 맞추어야 한다. 나를 위해서 십자가 고난받으신 그 주님의 은혜는 온 우주보다 더 높고 크고 놀라운 것이다. 그러므로 주님의 십자가 은혜로 죄사함받고 구원받은 우리는 주님 앞에서 한순간도 헛된 삶을 살 수 없는 존재이다. 주님께서는 우리 모든 사람들을 한 사람 한 사람 불꽃 같은 눈으로 지켜보고 계신다. 그러므로 우리는 십계명 말씀대로 지키고 살아야 한다.

요일 5:2 우리가 하나님을 사랑하고 그의 계명들을 지킬 때에 이로써 우리가 하나님의 자녀 사랑하는 줄을 아느니라.

하나님께서 원하시는 것은 사랑이다. 내가 몸을 찢고 피 흘려 너희 영혼을 구원해 주었는데 너는 나를 사랑하느냐고 물으시는 것이다. 그리고 네 이웃을 네 몸과 같이 사랑하느냐고 물으시는 것이다. 사랑 이신 하나님은 사랑 속에서만 역사하실 수 있기 때문이다.

요일 3:16 그가 우리를 위하여 목숨을 버리셨으니 우리가 이로써 사랑을 알고 우리도 형제들을 위하여 목숨을 버리는 것이 마땅하니라.

사복음서를 볼 것 같으면 예수님은 한 영혼을 천하보다 귀하게 보 시고 사랑하시는 것을 볼 수 있다. 주님께서 지금 나를 얼마나 사랑하 시며 귀하게 여기시며 지대한 관심을 갖고 계신지 알아야 한다. 주님 께서는 지금 나에게 초점을 두고 계신 것이다. 옆 사람이 아니다. 믿 음과 신앙은 주님과 나와 1대 1의 관계이다. 그러므로 지금 나는 주 님 앞에서 온전히 서 있는가 점검을 해 볼 필요가 있는 것이다. 사람 이 감기가 들거나 몸에 피부병이 들게 되면 눈에 보이고 나타나므로 바로 알게 된다. 그러나 영혼에 병이 들면 전혀 알지 못한다. 눈에 보 이지도 않고 아무런 통증도 느끼지 않으므로 알지도 못하고 깨닫지도 못한다.

그러나 눈에 보이는 병보다도 더 무서운 것은 보이지 않는 병이다. 나의 영혼이 병드는 것은 참으로 두렵고 무섭다는 것을 알아야 한다. 영이 병들고 있다는 것은 믿음이 떨어지기 시작하는 것이다. 세상 사람들은 육신의 두 눈이 없는 사람을 소경이라고 하고 맹인이라고도 한다. 영이 병들게 되면 영이 죽어버리게 되고 영적으로 완전히 소경이 되어 영적인 것을 보지 못하게 된다.

영이 죽은 사람은 육신의 눈으로 보는 것만으로 살게 되므로 육신적인 삶을 살 수밖에 없다. 영이 죽어 있기 때문에 자기의 속 사람은 보이지 않는다. 영이 죽어 있는 사람은 겉은 화려하고 경건해 보이기도 한다. 그러나 그 안에는 죽은 사람의 뼈와 모든 더러운 것이 가득하다(마 23:27). 영이 죽어 있는 사람은 자기가 죄를 지어도 죄라고 분별하지 못할뿐더러 양심에 가책 같은 것도 전혀 느끼지 못한다.

그래서 교회를 다니고 예수를 믿는다고 하면서 믿지 않는 사람들과 별반 다를 것도 없고 어떤 면에서는 세상 사람들보다 더욱더 못된 짓을 하며 죄악을 행하며 살게 된다.

수년 전 목사님 부부가 자신의 어린 딸을 숨지게 해 방에다 10달동안 방치해 두었던 사건이 온 세상을 경악케 했다. 또, 어떤 목사님은 자신의 어린 아들을 죽여 10일 동안 방치해 놓았다가 발각된 일도 있다. 평신도도 아닌 성직자가 이런 사건을 일으킬 때마다 온 세상은 손가락질하며 욕을 퍼붓는다.

이들은 오래전부터 영적으로 병들고 있었다. 그러나 영이 죽어버려서 소경된 이들에게는 자신들이 병들었다는 것을 전혀 알지 못한다. 병든 이들에게 귀신들이 침투하게 되었고 마침내 마귀 사단 귀신들의 놀이터가 되어버렸다. 죽어버린 영혼 속에는 너무나도 많은 귀신들이, 마귀들이 들어와서 터를 잡고 장악하게 되어 회개를 할 수도 없게 되었고 기도도 할 수 없게 되었고 마귀의 종노릇하며 살게 된 것이다.

죄를 지어도 영이 죽어버린 지 오래되었으므로 죄에 대한 감각도 죄의식도 전혀 느끼지 못하고 마귀 귀신이 시키는 대로 종노릇하며 살게 된다. 영의 세계는 이만큼 무섭다. 따라서 영적으로 병이 든다는 것은 암보다 더 무서운 병인 것이다. 어린 딸과 아들을 죽인 부부의 영혼 속에는 적어도 3000마리 넘는 귀신의 놀이터였을 것으로 생각된다. 사람은 사람을 절대로 죽이지 못한다. 사람을 죽이는 것은 마귀 사단 귀신이 하는 짓이다.

요 10:10 도적이 오는 것은 도적질하고 죽이고 멸망시키는 것뿐이요 내가 온 것은 생명을 얻게 하고 더 풍성히 얻게 하려 함이라.

마귀와 사단과 귀신이 사람의 영혼을 도적질해 가고 멸망시키고 죽이기 위해서 온다는 말씀이다. 영적으로 깨어 있는 사람에게는 절대로 오지 못한다. 오히려 무서워하며 도망간다.

그러면 마귀 사단은 언제 어떻게 이런 사람에게 들어오는가?

첫 번째로 죄를 타고 사람 속으로 들어온다. 죄가 있는 사람에게는 죄를 타고 합법적으로 들어온다. 그러므로 마귀에게 틈을 주어서는 안 된다.

두 번째로 회개하지 않는 사람에게 들어온다. 영적으로 깨어 기도하지 않는 사람에게 들어온다. 반대로 죄가 없는 사람에게는 절대로 들어오지 못한다. 회개하는 사람에게도 들어오지 못한다.

신비한 체험

　　　　　　　　10수년 전 기도의 골방으로 들어오게 되면서 지금까지 나는 남편과 각방을 쓰고 있다. 남편은 침대가 있는 안방을 쓰고 나는 골방을 쓰고 있다. 나는 남편을 위해 기도를 해주는 것 외에는 한 번도 남편 손을 잡아보지 않았다. 나를 기도의 골방으로 들이기 위해 남편의 체질도 바꾸어 놓음으로 남편은 혼자 잠을 자도 여자 생각은 조금도 나지 않게 만들어 놓으셨다.

　　나는 누구에게도 구속받지 않고 언제라도 기도를 드릴 수 있게 되었다. 때로는 성령님께서 밤 1시나 2시, 3시 언제라도 깨우셔서 기도하게 하신다. 그리고 지금까지 나를 위해 단 한 번도 병원이나 약국을 가본 적이 없다. 그러므로 나는 내 몸이 어딘가 이상이 있는지도 모른다. 그저 하나님께서 건강을 책임져 주시겠지 하는 마음으로만 생각하며 하루하루를 살고 있다.

　　어느 날 밤 기도를 마치고 잠을 자고 있는데 누가 내 몸을 수술하고 있는 것을 느끼게 되었다. 한 세 사람쯤 되는 사람들이 배꼽 아래

쪽을 수술하고 있었다. 그러나 하나도 아프지 않고 시원한 느낌마저 들었다. 습관처럼 새벽에 일어나 기도를 드리려고 하는데 몸이 날아갈 것같이 가볍고 상쾌함을 느낄 수 있었다.

나는 내 몸 어느 한 곳도 이상이 있을 것이라고는 생각해 본 적도 없고 생각할 필요도 없다. 만일 병원에서 신장암이 있다고 진단이 나와도 나는 절대로 수술을 받지 않을 것이다. 이러한 나의 마음을 주님도 다 아신다.

예전에 세면대 앞에 서서 양치질을 하려고 하는데 목구멍 속에서 시뻘건 피가 막 솟구쳐 올라오기를 10번 정도 한 것 같다. 그때도 나는 약국이나 병원 갈 생각이 들지 않았다. 나의 생명과 건강, 모든 것은 다 주님의 것이다. 주님께서 알아서 하시겠지 하는 믿음과 마음만 든다. 내가 주님 안에 있고 주님이 내 안에 계시니 주님께서 나의 건강까지도 다 책임지시고 해결해 주신다. 나는 이런 신비한 체험을 하였다.

주님께서 나타나셔서 말씀하시다

2017년 6월 27일 이날도 밤늦게까지 기도를 하고 깊이 잠들었다.

새벽 2시 조금 넘었을 때 주님께서 잠자고 있는 내 곁에 오셔서 말씀을 하셔서 잠에서 깨어났다. 주님께서 하시는 말씀은 지금은 성령의 시대라고 말씀하셨다. 지금은 성령께서 운행하시고 계시므로 예수님 믿기가 쉽지만 성령 시대가 끝나게 되면 예수님 믿을 수 없는 시대가 된다고 하셨다. 지금은 성령님이 도와주시고 함께함으로 예수님 믿을 수 있고 회개하고 구원받을 수 있지만 성령 시대가 끝나게 되면 믿음을 가질 수 없으므로 항상 깨어서 기도하고 믿음을 굳게 지키라고 말씀하셨다.

그래서 나는 지금이 마지막 때인 것을 알게 되었다. 성령님께서는 모든 사람들이 회개하고 예수 믿고 구원받을 수 있도록 항상 돕고 계신다. 성령님께서는 어머니처럼 자상하시며 교사가 되시고 지도자가 되셔서 모든 사람들을 예수님 믿을 수 있도록 돕고 계신다. 그러므로 지금이 마지막 때인 것 같다. 성령님 떠나기 전에 믿지 않는 사람들이 회개하고 예수님 믿어야 한다. 성령님 도움 없이는 단 5분도 기도하지 못한다. 하루에 10시간 기도할 수 있는 것은 모두 성령님의 도움으로만 할 수 있다.

언젠가 나는 성령님을 섭섭하게 한 적이 있었다. 성령님이 나를 떠나가시게 되니 말로 할 수 없는 공허함과 무력감에 빠지게 되었고 아무것도 할 수 없었다. 정말이지 단 5분도 기도를 드릴 수 없었다. 나의 온몸은 중풍 병에 걸린 사람처럼 조금도 움직일 수 없었다. 이때 나는 비로소 성령님 도움 없이는 모든 것이 불가능하다는 것을 뼈저리게 느끼고 깨닫게 되었다. 지금 얼마나 때가 급하면 주님께서 직접 나타나셔서 지금이 성령 시대라고 말씀하시면서 성령 시대가 끝이 나게 되면 모든 것이 끝이 난다고 하시면서 정신을 차리고 깨어 있으라 하시겠는가! 한 영혼이라도 잃어버리지 않고 다 회개하고 예수 믿고 구원받기를 원하시는 주님의 간절한 말씀을 생생하게 들을 수 있었다.

주님만이 구원의 문이다. 주님만이 부활이고 영생이시다. 우리는 주님을 떠나서는 한순간도 살 수 없는 연약한 존재이다. 주님께서는 지금 이 순간 구원의 문을 활짝 열어놓고 이 문으로 들어오기를 원하고 계신 것이다. 구원의 문이 닫혔을 때는 이미 늦은 것이다.

마 24 : 21~22 이는 그때에 큰 환란이 있겠음이라 창세로부터 지금까지 이런 환란이 없었고 후에도 없으리라. 그날들을 감하지 아니하면 모든 육체가 구원을 얻지 못할 것이나 그러나 택하신 자들을 위하여 그날들을 감하시리라.

마 24 : 29~30   그날 환란 후에 즉시 해가 어두워지며 달이 빛을 내지 아니하며 별들이 하늘에서 떨어지며 하늘의 권능들이 흔들리리라. 그때에 인자의 징조가 하늘에서 보이겠고 그때에 땅의 모든 족속들이 통곡하며 그들이 인자가 구름을 타고 능력과 큰 영광으로 오는 것을 보리라.

마 24 : 35   천지는 없어지겠으나 내 말은 없어지지 아니하리라.

치료해 주시는
성령님

먼 친척 되는 분들이 수원으로 이사를 오셨다. 그분들은 서울에 사시면서 교회도 열심히 다니셨고 믿음 생활도 잘하시는 분이셨다.

나는 처음에 가서 이사 예배를 드려주었다. 친척이 되므로 우리 집에도 가끔 놀러 오기도 하셨다. 나의 기도 생활을 하는 데 도움을 주기도 했다.

그런데 갑자기 남자분이 병원에 가서 진단을 받아보니 콩팥에 무슨 돌이 있어 수술을 받아야 한다며 걱정을 하였다. 며칠 후 성령님께서 그 집에 가서 예배를 드리라고 하셨다. 나는 바로 순종하여 그 집에 가서 예배를 드렸다. 본문 말씀은 막 5:25~34를 증거하고 보혈 찬송을 여러 곡 불렀다.

그리고 집으로 돌아왔다. 며칠 후 친척되시는 분이 우리 집으로 놀러 오셔서 수술받기로 한 것은 어떻게 되었냐고 물었다. 그랬더니 아무렇지도 않아 안 받아도 된다고 하는 것이었다. 나는 그때 안수도 하지 않고 예배만을 드리고 왔는데도 하나님께서는 그 예배를 통해 그 분을 깨끗이 치료해 주셨다.

요양원

어느 날 주님께서 나에게 요양보호
사 자격증을 딸 것을 권유하셨다. 나는 곧바로 순종하여 요양보호사
시험을 신청하고 며칠 공부를 한 뒤 자격증을 따게 되었다. 자격증을
따기 위해서는 반드시 요양원으로 실습을 나가야 한다. 2주 동안 실습
을 하게 되면서 요양원의 실태를 알게 되었다. 요양원에는 각양각색의
노인들이 있다. 개중에는 젊어 보이는 사람도 있다. 어떤 노인은 손과
발이 묶인 채로 침대에 누워 있기만 한다. 침대에 묶여 누워 있게 되니
몸이 완전히 꼬부라져 무릎과 얼굴이 붙어 있는 것 같기도 했다.

어떤 할머니는 몸도 건강하고 아주 똑똑해 보였다. 정상적인 할머
니였다. 말도 잘하였다. 나보고 어디 사느냐고 물어본다. 그래서 어디
어디 산다고 했더니 어디 어디에 가면 자기 남동생이 살고 있는데 자
기 좀 이 요양원에서 빼내 달라고 통사정을 한다. 그리고 자녀들 이름
을 부르면서 면회 좀 왔으면 좋겠다고 그리워하며 한탄을 한다.

어떤 할머니는 나를 보자마자 자기에게 와달라고 신호를 한다. 두

리번거리며 요양사가 없는 것을 확인하고는 화장실을 가고 싶으니 자기 침대에서 내려 달라고 한다. 할머니를 도와 화장실로 인도했다. 할머니는 이제 살 것 같다고 하셨다. 변기에다 소변을 보고 싶은데 손과 발을 묶어 놓고 기저귀를 채워 놓으니 괴롭다는 표정이셨다. 이 할머니 정도면 손과 발을 묶을 필요가 없을 것 같았다.

이분들은 요양원에서 손과 발이 묶인 채로 감옥과 같은 생활을 하고 있었다. 참으로 안 되어 보였다. 자녀들이 있는데 부모를 무조건 요양원에 맡겨 놓고 집으로 모시고 갈 생각은 아예 안 하는 것 같다. 자녀들은 부모의 마음은 안중에도 없다. 요양원에 맡겨 놓은 것으로 자신들의 할 일을 다 한 줄로 안다. 부모들은 집에 가기를 소원한다. 그러나 아무도 집으로 모셔갈 사람이 없는 것이다. 자식도 없고 부모를 모실 사람이 없는 사람이야 어쩔 수 없지만 자식들이 여러 명 있는데도 부모를 짐짝처럼 요양원에 맡겨 놓고 나 몰라라 한다. 자기 자녀들이 퇴원시켜 주지 않는 한 자기 발로 나갈 수 없다.

자녀들의 이름을 부르며 나 좀 집에 데려가 달라고 애원하던 그 할머니의 모습이 눈에 선하다. 화장실 가서 소변을 보고 싶다는 그 할머니가 너무 가여워 보인다. 왜 자녀들은 부모의 심정을 알아주지 못할까?

주님 저 불쌍한 노인 분들의 자녀들이 부모를 사랑하고 불쌍히 여길 수 있게 해주셔서 저 부모들의 마음을 알고 집으로 편히 모실 수 있게 하여 주소서.

출 20:12 네 부모를 공경하라 그리하면 너의 하나님 나 여호와가 네게 준
땅에서 네 생명이 길리라.

벧전 2:24~25

친히 나무에 달려 그 몸으로 우리 죄를 담당하셨으니

이는 우리로 죄에 대하여 죽고 의에 대하여 살게 하려 하심이라

그가 채찍에 맞음으로 너희는 나음을 얻었나니

너희가 전에는 양과 같이 길을 잃었더니

이제는 너희 영혼의 목자와 감독 되신 이에게 돌아왔느니라.

CHAPTER

8

하나님
믿지 않는 것이
죄이다

예수님만이 구원의 문이다. 하나님 아버지께서는
온 세상 사람들이 다 예수님 믿고 구원받을 수 있도록 천국 문을 활짝 열어놓으셨다.
세상 모든 사람들이 구원받을 수 있도록 천국 열쇠를 주셨다.
누구든지 예수님을 믿기만 하면 구원받는다.

지옥에서 보게 된
어느 학생

어느덧 골방에서 하나님 말씀을 읽으며 기도해 온 지 10년이 훨씬 넘었다. 그러나 실제로는 몇 달 되지 않은 것 같은 느낌이다. 내가 이렇게 10년 넘도록 골방에서 기도를 하게 된 것도 사실은 그 무서운 지옥을 보고 나서부터이다.

그전에는 나도 교회를 다니기는 하였지만 세상적이고 육신적이고 형식적인 종교인으로만 믿음 생활을 해왔었다. 그러나 어느 날 기도 중에 지옥을 체험하게 되었고 주님은 거의 매 밤마다 지옥을 보여 주셨다. 이때부터 나는 형식적이고 종교인으로만 신앙생활을 하던 모든 것을 다 벗어 버리고 진실로 주님 앞에서 통회자복하며 회개하게 되었고 거듭나게 되었다.

아마도 내가 그때 그렇게 무서운 지옥을 보지 않았더라면 나는 아직까지도 주님 앞에 돌아오지 않고 세상적이고 육신적인 종교인에 머물러 있었을 것이다. 비록 하나님을 알지 못하던 사람일지라도 지옥을 보고 나서 정신을 차리지 않을 사람은 한 사람도 없을 것이다. 지옥을 보고 나온 사람들은 누구나 지금 자신이 살아 있다는 것에 무한한 감사를 느끼게 되고 아직도 혈육과 골육들이 살아 있다는 것에 또 감사하게 된다. 그 누구도 절대로 지옥만은 가지 않아야 하기 때문이다.

성경은 천국과 지옥에 대하여 상세하게 기록되어 있다. 내가 지옥에 직접 가보지 않았어도 성경을 통해서 지옥이 얼마나 무서운 곳인지 알게 된다. 지금은 세상이 너무 악하고 예수님 오실 때가 임박해서인지 천국과 지옥을 실제로 보고 오시는 분들이 많은 것 같다. 나 역시 지금까지 골방에서 기도해 오면서 많은 지옥의 형상들을 보게 되었고 지옥에 내려가서 직접 지옥을 체험하고 오는 일도 많았다.

이날도 여느 때와 마찬가지로 기도를 드리는 중에 잠이 들었고 나의 영은 어느새 지옥의 터널에 내려와 있었다. 이때 캄캄한 흑암 속에서 처절하게 울부짖는 소리가 들렸다.

"살려주세요. 살려주세요."

무서워하며 울부짖는 것이었다. 자세히 보니 학생이었다. 실제로 이렇게 무서운 지옥이 있는 줄 몰랐다며 울부짖는 것이었다. 무서움과 공포에 질려 벌벌 떨고 있는 학생 앞으로 사자보다 더 큰 짐승이 다가오자 이 학생은 무서워하며 으악 소리치고 기절을 하는 것이었다.

나는 이 학생이 너무나도 불쌍해 견딜 수가 없었다. 누군가 저 어리고 불쌍한 학생을 이 지옥에서 건져 줄 수만 있다면 얼마나 좋을까 하는 생각만 들었다. 그러나 천사는 나의 귀에 이렇게 말했다. 세상에서 생명이 끊어지게 되면 믿는 사람들은 구원을 받았으므로 천국으로 가게 되지만 믿지 않는 사람들이 이 지옥으로 떨어지게 되면 아무도 이 사람을 꺼내 줄 수 없다는 것이다. 이때 천사가 나에게 또 이렇게 말하였다. 저 학생의 부모는 목사님인데 하나님께 예배드리는 것을 소홀히 하며 평소 자녀에게 믿음을 가르치지 않고 공부 공부했다. 이 학생은 공부를 잘하며 항상 1등을 놓치지 않았는데 어느 날 3등으로 밀려나자 갑자기 엄마의 얼굴이 떠오르면서 좌절과 압박감을 견디지 못하여 스스로 물에 빠져 자살을 한 것이다.

나는 이 학생이 한없이 불쌍하고 가엾기만 하다. 이 학생이 이렇게 무서운 지옥이 실제로 있는 줄 알았다면 세상에서 어떠한 시련이, 괴로움이 있었더라도 다 견디어 내고 참았을 것인데 몰랐기 때문에 스스로 목숨을 끊고 이 무섭고 끔찍한 지옥으로 오게 된 듯했다. 얼마나 불쌍하고 안타까운 일인가. 세상에서 이보다 더 불쌍하고 안타까운 일이 어디 있겠는가 말이다. 공부가 하나님보다 더 중요하지 않은데 그 학생의 부모는 왜 그렇게 딸에게 공부 공부하며 압박감과 부담을 주었는지 모르겠다. 사람이 세상 살아가면서 가장 중요하고 귀한 것은 하나님을 만나는 일이다. 살아계신 하나님을 나의 인생 삶 속에 주인으로 모시고 살아가는 삶이다.

잠 3:1   내 아들아 나의 법을 잊어버리지 말고 네 마음으로 나의 명령을 지키라.

잠 9:10   여호와를 경외하는 것이 지혜의 근본이요 거룩하신 자를 아는 것이 명철이니라.

잠 9:11   나 지혜로 말미암아 네 날이 많아질 것이요 네 생명의 해가 네게 더하리라.

지옥에서 만난
동성연애자

동성애는 사람이 해서는 안 되는 짓이다.

천지 만물을 창조하신 하나님의 형상대로 지음을 받은 사람이 해서는 안 되는 짓이다. 하나님의 형상대로 지음을 받은 사람은 거룩해야 하고 성결해야 한다. 따라서 하나님께서 창조해 주신 성은 거룩한 것이며 생명을 창조할 수 있는 기관이다. 따라서 동성애는 하나님의 창조 섭리를 무너뜨리고 하나님께서 세우신 질서를 파괴하는 행위다.

고전 3:16 너희는 너희가 하나님의 성전인 것과 하나님의 성령이 너희 안에 계시는 것을 알지 못하느냐.

짐승이라도 다른 어떠한 동물이라도 동성애는 하지 않는다. 동성애는 더럽고 추하고 부끄러운 행위다. 사람은 이런 짓을 할 수 없다. 마귀 귀신 사단은 동성애자들을 속여 못된 짓을 하게 하며 영혼을 도둑질하여 지옥으로 끌고 가려고 속이는 것이다.

요 10:10   도적이 오는 것은 도적질하고 죽이고 멸망시키는 것뿐이요 내
         가 온 것은 양으로 생명을 얻게 하고 더 풍성히 얻게 하려는 것
         이니라.

로마서 1장 24~32절에 동성애를 하는 사람들은 사형에 처해진다
하였다. 주님께서는 동성애자들이 지옥에 떨어져 당할 수밖에 없는
그 고통을 나에게 보여 주시기 위해서 3일 동안 지옥을 보여 주신 일
이 있다.

이 땅에서는 죽어서 화장이나 매장된 사람들이 지옥에서는 멀쩡
하게 살아 있는 것이다. 지옥은 이 땅에 있을 때에 회개하지 않고 예
수님 믿지 않고 죄의 대가로 가게 되는 곳이다. 누구를 막론하고 일단
지옥에 떨어지는 순간 자유란 1분 1초도 없다. 어디 피할래야 피할
곳이라곤 어느 곳도 없다. 잠시라도 숨어보고 싶지만 숨어 있을 곳이
라곤 그 어느 곳도 없다. 어디에다 잠시 호소라도 해 볼 데가 있으면
얼마나 좋겠냐마는 단 한 마디 호소할 곳도 없다.

사람이 이 땅에서 죽어서 지옥에 떨어지게 되는 순간부터 자기 마
음대로 할 수 있다거나 자기 의지대로 무엇을 할 수 있는 것은 아무것
도 없다. 그러나 그 사람은 지금 지옥에서 살아 있는 사람이다. 그는
이 땅에서 살아 있었을 때 실제로 이렇게 무서운 지옥이 있다는 것을
한 번도 생각해 보지 않았던 것이다.

예수님 믿고 구원받아 천국을 갈 수 있다는 것도 생각해 보지 않았

던 것이다. 그저 지금 현세에서 잘 먹고 잘 입고 잘 살면 그만인 것이다. 그러나 실제로 이렇게 무서운 지옥이 있다는 것을 알았더라면 누가 이 무서운 지옥을 오겠는가!

꿈이나 환상을 통해서 지옥에 떨어져서 그 잔혹하고도 참혹한 고통을 당하고 있는 사람들을 본다는 것은 이만저만한 마음의 고통이 아닐 수 없다. 제발 안 볼 수만 있다면 얼마나 좋을까마는 내 마음대로 안 보이지도 않는다. 어쩔 수 없이 두 눈을 뜨고 볼 수밖에 없는 것이 영의 세계인 것이다.

그는 이 세상에서 살아 있을 때에 18년 동안이나 동성애를 하고 살다가 병들어서 죽어서 지옥으로 떨어진 사람이었다. 세상에서는 분명히 죽은 사람인데 지옥에 떨어져서 살아 있다.

마귀들은 살아 있는 이 사람에게 차마 눈 뜨고 볼 수 없는 온갖 고문을 하고 있었다. 이 사람의 몸은 엎드려져 있었고 양쪽 팔과 양쪽 다리는 큰 대못에 박혀 있어 조금도 움직일 수가 없었고 마귀 지옥 사자들은 이 사람의 항문에다 큰 대못을 박기도 하며 큰 칼로 내리쳐 항문을 쪼개기도 하며 빨갛게 달구어진 쇠꼬챙이로 이 사람의 항문 속에 집어넣기도 하며 온갖 고문을 하고 있는 것이었다. 이런 고문을 당하고 있는 사람은 너무 고통을 견딜 수 없어 계속 신음하면서 마귀들이 고문할 때마다 비명을 지르기도 하며 바로 기절을 한다. 기절하여 영영 죽어 버렸으면 얼마나 좋으련만 조금 있으니까 또 깨어나서 계속 신음하면서 고통을 못 견뎌 또 비명을 지르기도 하며 또 기절을 한다.

나는 이때 이 사람이 당하고 있는 고통이 너무 무서워 이 사람이

진짜 죽은 줄 알았다. 그래서 나도 모르게 속으로 잘 되었다고 생각했다. 그러나 죽은 줄만 알았는데 이 사람은 또 살아났다. 그리고 계속해서 신음하며 괴로워서 어쩔 줄 모르는 모습이었다. 마귀 지옥 사자들은 이 사람이 괴로움을 견뎌 기절을 해도 아랑곳하지 않는다. 이 사람이 고통스러워서 비명을 지르고 신음하면 할수록 더욱더 고문을 가하는 것이었다. 그러면서 마귀들이 지껄이고 있었다.

너희들이 세상에서는 그렇게 재미있게 즐겁게 즐겼지만 이렇게 맛을 보게 되니 어떠냐 하며 마귀들끼리 깔깔대며 재미있다고 웃는 것이었다. 이러한 현장을 두 눈을 뜨고 보고 있는 것 자체가 지옥이었다. 안 보고 싶어도 내 마음대로 안 볼 수 없는 것이었다.

이 세상에서는 이러한 고통을 당한다면 바로 그 자리에서 죽는다. 이 세상에서는 그러한 고통을 당하면서 살 수 있는 사람은 아무도 없다. 따라서 이 세상에서는 그러한 고통을 단 1분이라도 견딜 수 있는 사람은 없다. 그러나 지옥에서는 그러한 형벌을 잠시도 쉼 없이 계속해서 당해야 하는 것이다. 죽을 수만 있어도 얼마나 좋을까마는 영원히 죽음이 없는 곳이 지옥이다.

나는 이 사람을 월요일 밤 기도를 하다가 환상으로 처음 보게 되었다. 양쪽 팔과 다리를 쫙 벌린 채 큰 대못으로 박혀 있었고 몸은 엎드려져 조금도 움직이지 못하는 상태에서 지옥 사자들이 이 사람의 항문에다 무서운 고문을 하고 있는 그 장면을 월요일 날 처음 본 것만으로도 너무나도 마음이 아프고 괴로워서 견딜 수 없었는데 화요일 밤에도 수요일 밤에도 똑같이 그 사람이 지옥에서 당하고 있는 그 무섭고 소름 끼치는 현장을 세 번이나 보게 되었다. 너무 고통스럽고 괴로워서 계속 신음을 하며 너무 견딜 수 없어 본능적으로 비명을 지르며 또 기절하고 그런 모습을 똑같은 장소에서 삼일을 보았던 셈이다.

나는 그 사람이 너무 불쌍해서 견딜 수가 없었다. 나의 아픈 마음을 어떻게 다 표현할 수가 없다. 그런데 기절했다가 깨어난 이 사람 눈빛과 나의 눈이 마주쳤다. 나는 이때 그 사람의 영혼을 보게 되었다. 순간적으로도 바로 느끼게 되었는데 이 사람의 영혼은 너무나도 순진하며 천진난만해 보였다. 그리고 깨끗해 보였다. 마주친 그의 눈빛은 너무도 가엾고 애절해 보였고 힘없고 불쌍하기만 했다. 내가 어떻게든 도와줄 수만 있다면 도와주고 싶은 마음만 간절했다.

그러나 나는 그 사람에게 아무것도 해줄 수 있는 것이 없었다. 참으로 안타깝고 안타깝기만 했다. 어떻게 저렇게 착하고 천진난만해 보이는 사람이 지옥에 떨어져서 이 무서운 고통을 당해야 하는가 안타깝고 아픈 마음뿐이다.

예수님께서는 온 인류를 죄와 사망에서 건져 주시기 위해서 이 땅에 오셨고 십자가에서 고난받으시고 삼일 만에 부활하셨다. 왜 이 사람은 이 땅에 있었을 때 회개하지 않고 예수님을 믿지 않았을까 하는 안타까운 마음만 든다. 악한 원수 마귀 사단은 영혼을 도둑질하여 지옥으로 끌고 가기 위해 동성애를 하게 한다. 그러므로 사람들은 절대로 원수 마귀 사단에게 속아서는 안 된다. 내가 천 번 만 번을 외친다 해도 이 땅에서 죄같이 무서운 것이 없고 지옥만큼 무서운 곳이 없음을 외치고 또 외치고 싶어질 뿐이다.

지옥에서 본
불쌍한 공주

이 땅에서 천국과 지옥을 선택하는 것은 저 멀리 있는 것이 아니라 바로 나의 코앞에 있다. 사람이 이 땅에 살면서 가장 큰 죄가 있다면 그것은 예수님을 믿지 않는 것이라 할 수 있다. 이 땅에 살고 있을 때는 예수님을 믿지 않는 것이 얼마나 큰 죄인지 전혀 모르지만 생을 마감하고 나면 너무나도 명백하게 드러나는 것이다.

내가 지옥에서 보게 된 공주는 왕궁에서 태어나서 무엇 하나 부족할 것 없이 화려하고 다복한 삶을 살았었다. 공주는 매우 곱고 아름다운 용모를 지니고 있었다. 그의 곱고 아름다운 용모는 많은 사람들의 호기심과 사랑을 받기에 충분했다. 공주는 성장해서 어느 멋진 귀족 청년과 사랑에 빠졌다. 모든 인생들의 과거 현재 미래를 다 아시고 계신 주님께서는 공주를 극진히 사랑하셨다. 주님께서는 공주에게 다가오셔서 마음 문을 열고 주님을 영접해 주기를 바라셨다. 그러나 태어나 지금까지 복음에 대해서 한 번도 들어보지 못한 공주는 예수님을 알지 못했고 마음의 문을 열고 주님을 영접하지 못했다. 공주에게는 예수님이 보이지 않았다.

그러나 주님께서는 수도 없이 공주 곁에 다가오셔서 마음 문을 열고 주님을 영접해 주길 원하셨다. 그러나 많은 사람들의 사랑을 받고 다복하고 정신적으로 육체적으로 깊은 사랑에 빠져 살고 있는 공주에게 예수님은 필요하지 않았다. 그러던 어느 날 예기치 않았던 사고를 당하여 그녀는 그만 죽게 되었다. 그리고 그는 곧바로 지옥으로 떨어지게 되었는데 그가 죽었다는 소식을 들었을 때 많은 사람들이 안타까워했고 슬퍼했다. 심지어 같이 따라 죽고 싶은 사람들도 많았다고 했다. 그의 장례식은 많은 사람들의 슬픔과 애도 속에 치러졌다.

그러나 그가 지옥으로 떨어져 받는 고통은 너무나도 처절하고 가엾고 불쌍하기만 하다. 차마 눈을 뜨고 볼 수도 없는 광경들이 벌어지고 있었다. 세상에 살아 있을 적에 그토록 곱고 아름답기만 했던 그의 온몸을 벌레들이 머리에서부터 갉아먹고 있는 것이었다. 보기에도 너무 징그럽고 소름이 끼치는 큰 벌레는 길이가 2m도 더 되었고 머리는 뱀의 머리였고 몸 두께는 악어처럼 생겼다. 더럽게 생긴 큰 벌레가 공주의 곁으로 오자 공주는 공포에 질려서 정신이 나갔고 기절을 했다. 그러나 곧바로 정신이 돌아왔고 공주는 그 고통과 아픔을 견디어야만 했다.

그가 세상에서는 꽃처럼 아름답고 화려하게 살았는데 이렇게 무서운 지옥에 있으리라고는 상상도 하지 못했을 것이다. 더러운 벌레가 공주의 머리를 갉아먹을 때 너무도 불쌍하고 가여워서 더는 볼 수가 없었다. 너무 마음이 아프고 안타깝기만 했다.

세상에 살았을 때 예수님을 영접하고 예수님을 믿었더라면 얼마나 좋았을까 하는 안타까운 생각이 든다. 공주는 깊이 흐느끼며 절규했다. 내가 세상에 있었을 때 누가 나에게 한 번만이라도 예수님을 알게 해주었더라면 나는 분명히 예수님을 영접했고 이 무서운 지옥에 오지 않았을 텐데 하며 흐느끼고 있었다.

주님께서는 수없이 그를 찾아가셔서 그의 마음의 문을 두드리셨다. 그러나 세상의 부귀영화와 이성 간의 사랑으로만 가득 찼던 그에게 예수님이 들어갈 공간이 없었다. 그가 한 번만이라도 마음 문을 열고 예수님을 영접하고 믿었더라면 주님은 그를 눈동자같이 지키셨고 그 위급한 상황을 당했을 적에도 천사를 보내서라도 그를 구해내 실 수 있었을 것이다. 그러나 그 속에 예수님의 생명의 피가 발라져 있지 않았으므로 천사도 그를 도울 수 없었다. 그러므로 나는 생각해 본다. 이 땅에서 가장 행복한 사람이 누구인가? 그는 예수님을 믿는 사람이다. 예수님을 믿는 사람이야말로 가장 큰 성공을 한 사람이라고 믿고 싶다. 사람이 이 땅에서 숨이 끊어지게 되면 믿지 않는 사람은 바로 지옥을 가게 된다.

잠 27:1 너는 내일 일을 자랑하지 말라 하루 동안에 무슨 일이 일어날지는 네가 알 수 없음이라.

행 16:31 주 예수를 믿으라 그리하면 너와 네 집이 구원을 얻으리라.

지옥에서 본
어느 행악자

사람이 이 세상에 살 때에 죄 가운데 태어나서 죄악된 세상에서 살게 되므로 죄를 지어도 죄에 대한 감각이 없고 죄책감을 느끼지 못한다. 그러나 누구라도 무서운 지옥을 3초라도 본다면 이 세상에서 죄같이 무서운 것이 없다는 것을 단번에 알게 된다. 실로 지옥은 너무나도 무서운 곳이며 죄의 대가로 가게 되는 지옥은 아무도 가서는 안 되는 곳이다.

하나님께서는 아무도 이 무서운 지옥에 가지 않게 하기 위하여 2000년 전에 예수님을 이 땅에 보내 주셨다. 예수님은 우리의 모든 죄를 다 담당하시기 위해서 십자가에서 몸을 찢기시고 피 흘리며 참혹한 고난을 당하시고 죽으셨다가 삼일 만에 부활하셨다.

요 14:6   내가 곧 길이요 진리요 생명이니 나로 말미암지 않고는 아버지께로 올 자가 없느니라.

요일 3:8~9   죄를 짓는 자는 마귀에게 속하나니 마귀는 처음부터 범죄함이니라. 하나님의 아들이 나타나신 것은 마귀의 일을 멸하려 하심이니라. 하나님께로서 난 자마다 죄를 짓지 아니하나니 이는 하나님의 씨가 그의 속에 거함이요 저도 범죄치 못하는 것은 하나님께로서 났음이라.

지금까지 내가 지옥을 보게 된 것은 나의 의지하고는 아무런 상관이 없다. 밤늦게까지 기도하다가 깊이 잠들어 버리게 되었는데 나의 영은 어느새 나의 몸을 빠져나와 지옥의 그 현장에 가 있게 된다. 나는 지옥이 너무 보기 싫지만 주님의 주권으로 볼 수밖에 없었다. 지옥의 현장들을 볼 때 나는 눈을 감아 버리고 싶은데 내 마음대로 눈은 감겨지지 않는다. 어쩔 수 없이 그 현장을 볼 수밖에 없다.

주님께서 지금까지 나에게 아주 독특한 지옥 현장을 보여 주셨다. 그것은 수백 명, 수천 명이 뜨거운 불 속에서 고통받으며 사는 그런 현장이 아니라 한 사람씩 보여 주셨고 그 사람이 이 세상에 살아 있었을 때 어떻게 살았고 무슨 죄를 지었는지 명확하게 알게 해주셨다.

흉악한 죄인이 있는 지옥을 보게 되었다. 이 사람의 몸은 X자로 쇠사슬에 양손을 뒤로하고 꽁꽁 묶여 있었고 마귀들이 날카로운 면도칼 같은 것으로 이 사람의 코를 자르고 두 눈을 빼고 귀를 자르고 혓바닥을 자르고 온몸을 마치 생선회 뜨는 것처럼 살을 베어내고 자르고 있었다. 그러면서 마귀들이 지껄이고 있었다. 이놈같이 악랄한 놈은 이런 고통을 당하는 것이 마땅하다고 하며 끔찍하고 무서운 온갖 고문을 가하는 것이었다. 이런 무서운 현장을 주님이 주신 담력이 없다면 보는 것만으로도 기절하고 깨어나지 못했을 것이다.

도대체 이 사람은 무슨 죄를 지었기에 이렇게 무서운 형벌을 받아야만 하는가? 이 사람은 세상에 있었을 때에 어떤 한 분야에 특별한 재능을 갖고 활동하였고 세상 사람들에게 꽤 알려진 사람이었다. 한때 사람들에게 명성을 얻기도 했다. 그에게는 내연의 처가 있었고 사업을 했다. 그는 사업에 실패를 했고 내연의 처로부터 빌린 돈을 갚지 못하자 자주 말다툼을 했고 급기야 내연의 처를 죽여서 몰래 산에다 암매장을 해 버렸다. 그리고 내연의 처 두 딸이 눈치를 채자 그 두 딸을 죽여 암매장을 했고 막내딸이 또 눈치를 채고 멀리 피신을 했는데 그곳까지 쫓아가서 그 막내딸마저 죽여서 암매장을 했다.

4명의 귀한 생명을 무참하게 빼앗아버린 그 죄가 어찌 탄로가 나지 않겠는가! 경찰에서 이 사람을 의심하게 되었고 수사가 점점 좁혀오자 스스로 자살을 했다. 스스로 자살을 하여 육신의 몸은 죽었으나 지옥에서는 생생하게 살아 있는 몸으로 그 참혹한 고문을 당하고 있는 것이다. 지옥에서 마귀들은 잠시도 쉬지 않고 그에게 끊임없는 고문과 형벌을 가하고 있다. 남의 귀한 생명을 무참하게 빼앗았던 그는 지옥에 떨어져 천 배 만 배 억만 배의 끝이 없는 고통을 세세토록 당하며 살아야 했다.

영원토록 죽음이 없는 곳이 지옥이다. 너무 괴롭고 고통스러워 죽기를 원하지만 죽을 수도 없는 곳이다. 지옥에 떨어진 이상 그곳에서 영원토록 나올 수 없다. 이렇게 지옥을 보고 나서는 아직도 나의 생명이 살아 있다는 것에 한없는 고마움과 신비를 느낀다. 그 누구도 이 기회를 놓쳐서는 안 된다. 예수님 믿을 기회를!

롬 6:23 죄의 삯은 사망이요 하나님의 은사는 그리스도 예수 우리 주 안에 있는 영생이니라.

히 9:27 한 번 죽는 것은 사람에게 정하신 것이요 그 후에는 심판이 있으리니

마 10:28 몸은 죽여도 영혼은 능히 죽이지 못하는 자들을 두려워하지 말고 오직 몸과 영혼을 지옥에 능히 멸하는 자를 두려워하라.

지옥에서 본
어느 유명한 소설가

　　　　　　여느 때처럼 자정 늦게까지 기도를
드리고 곧바로 깊은 단잠에 빠져들었다. 나도 모르는 사이에 나의 영
은 나의 몸을 빠져나와서 깊고 깊은 지옥의 현장에 와 있게 되었다.
이곳은 끝이 보이지 않는 시뻘건 불바다였다. 불바다 속에는 수많은
짐승들과 괴물들이 있었는데 사람이 이 불바다로 떨어지게 되면 곧
바로 달려들어 사람의 몸을 물어뜯고 찢었다. 흔히 동물의 왕국에서
나 볼 수 있는 일들이 실제로 일어나고 있는 것이었다. 사람들이 짐승
들에게 잡히지 않기 위해 이리 피하고 저리 피하고 쫓고 쫓기는 숨 막
히는 전쟁은 치열하다. 그러나 사람들이 피할 곳은 어느 곳에도 없다.
또, 너무나도 많은 짐승과 괴물들이 바다에 쫙 깔려 있기 때문에 피할
수 있는 곳이라곤 없다. 괴물과 짐승들은 보기에도 너무 징그럽게 생
겼고 소름이 끼칠 정도로 흉측하게 생겼다. 괴물에게 잡히지 않으려
안간힘을 써보지만 곧바로 괴물들에게 몰려서 이리 찢기고 저리 찢기
며 짐승들의 밥이 되는 것이다. 성경 말씀처럼 정말 지옥은 불도 꺼지

지 않고 벌레도 구더기도 죽지 않는 곳이다.

한쪽에 병들어 누워 있는 한 사람을 보게 되었다. 2m도 더 되는 큰 구렁이 같은 벌레와 구더기들이 이 사람의 몸을 타고 다니며 뜯어 먹고 있는 것이 보였다. 이 사람은 병이 나 드러누워 있었고 조금도 움직이지 못했다. 병들어 누워 있는 몸을 흉측하게 생긴 벌레와 구더기들이 뜯어 먹고 있을 때 그는 신음하며 슬피 울고 있었다.

내가 세상에 살았을 적에 하나님도 없고 지옥도 없는 줄 알았는데 내가 차라리 태어나지 않았더라면 좋았을 것이라며 신음하며 탄식하며 슬피 울고 있는 것이었다. 주님께서는 그가 누구인지 알게 해주셨다.

그는 17세기 유럽 사람으로 유명한 소설가였다. 주님은 그를 사랑하셨고 그를 구원시키기를 원하셨다. 그러나 세상의 지식과 학문과 명예와 물질만 추구하며 사는 그에게 하나님은 보이지 않았다. 그는 하나님을 대적하며 모독했다. 앞으로 100년 안에 성경책은 모조리 없어질 것이라며 하나님을 대적했다. 그러나 그에게도 죽음의 시간은 다가오게 되었고 그제야 그의 영이 열려 무서운 지옥을 보게 되었는데 때는 이미 늦어 회개할 기회가 주어지지 않았고 예수님을 영접하지 못한 채 숨을 거두고 말았다. 그가 하나님을 대적하지만 않았더라도 누구를 통해서라도 회개할 수 있었고 구원을 받을 수 있었을 것이다. 그러나 하나님을 모독하고 대적한 죄는 이 땅에서도 회개할 기회가 주어지지 않고 회개할 수도 없다.

마 12:31~32 그러므로 내가 너희에게 이르노니 사람에 대한 모든 죄와 훼방은 사하심을 얻되 성령을 훼방하는 것은 사하심을 얻지 못하겠고 또 누구든지 말로 인자를 거역하면 사하심을 얻되 누구든지 말로 성령을 거역하면 이 세상과 오는 세상에서도 사하심을 얻지 못하리라.

그가 이 세상에 살아 있었을 적에 단 한 번밖에 없는 그 귀한 진리를 붙잡고 놓치지 않았더라면 그는 영원히 빛나는 천국에서 영생 복락을 누리며 살 수 있었을 텐데 죄의 문으로 육신의 눈으로 보이지 않았던 하나님을 대적했기에 그가 죽어서 지옥에 떨어져 받고 있는 괴로움과 고통을 어떻게 말로 표현할 수 있겠는가! 소름 끼치도록 흉측하게 생긴 벌레와 구더기들이 그의 온몸을 휘감고 타고 다니며 물어 뜯고 먹고 있었다. 그런 고통은 잠시도 쉬지 않고 계속되어졌다. 그는 그곳에서 세세토록 괴로움과 고통을 견디며 살아야 한다. 죽고 싶어도 죽을 수 없는 곳이 영원한 지옥이다.

막 9:48 거기에서는 구더기도 죽지 않고 불도 꺼지지 아니하느니라.

살후 1:8 하나님을 모르는 자들과 우리 주 예수의 복음에 복종하지 않는 자들에게 형벌을 내리시리니

계 20:10 또 그들을 미혹하는 마귀가 불과 유황 못에 던져지니 거기는 그 짐승과 거짓 선지자도 있어 세세토록 밤낮 괴로움을 받으리라.

하나님
믿지 않는 것이 죄이다

하나님을 믿지 않으면 자기 자신을 하나님 자리에 올려놓고 세상을 따라가게 되고 마귀를 믿게 되고 죄의 종이 되어서 평생 죄와 마귀의 종노릇하며 살다가 파멸 당하고 저주받으며 멸망 길로 가게 되는 것이다. 하나님을 믿지 않으면 세상 사람들이 만들어 놓은 거짓되고 헛된 종교에 빠져 영원히 파멸과 멸망을 당할 수밖에 없다.

예수님만이 구원의 문이다. 하나님 아버지께서는 온 세상 사람들이 다 예수님 믿고 구원받을 수 있도록 천국 문을 활짝 열어놓으셨다. 세상 모든 사람들이 구원받을 수 있도록 천국 열쇠를 주셨다. 누구든지 예수님을 믿기만 하면 구원받는다.

그러나 많은 사람들이 눈에 보이지 않는 하나님을 믿기보다 당장 눈앞에 보이는 현실만을 추구하며 살다가 쇠사슬에 매여 영원히 멸망 길로 가게 되는 것이다. 이 세상을 백 년을 산다 해도 잠깐 있다 없어지는 안개와 같은 짧은 인생이다. 영원히 살아갈 저세상에 비하면 짧은 것이다. 지금 눈에 보이지 않는 세계가 더욱 크고 위대하며 영원하다. 사람이 이 세상에 살면서 내가 어디서 와서 어디로 가는지를 알고 사는 사람은 진정 이 땅에서도 행복하며 천국을 누리며 살게 되고 이 땅을 떠날 때도 영원한 천국에서 영생 복락을 누리며 살게 된다. 많은 사람들은 지금 당장 눈에 보이는 현실 앞에서 오직 물질, 학문, 명예, 권력, 인기 같은 것에 집착하며 살게 되면서 진정 나의 영혼이 어디서 와서 어디로 가는지를 심각하게 생각하지 않는다.

막 8:36~37 사람이 만일 온 천하를 얻고도 자기 목숨을 잃으면 무엇이 유익하리요 사람이 무엇을 주고 자기 목숨과 바꾸겠느냐.

막 9:49 거기에는 구더기도 죽지 않고 불도 꺼지지 아니하느니라. 사람마다 불로써 소금 치듯 함을 받으리라.

마 24:36 천지는 없어질지언정 내 말은 없어지지 아니라리라.

　　하늘과 땅, 이 지구상에서 지옥보다 더 무서운 곳은 어디에도 없다. 천지와 만물을 창조하신 하나님 아버지께서는 아무도 이 무서운 지옥에 가지 않게 하기 위해서 이천 년 전에 예수님을 이 땅에 보내주셨고 예수님께서는 십자가에서 온 인류 죄를 다 담당하시고 죽으셨다가 삼일 만에 부활하셨다. 그러므로 누구든지 예수님을 믿으면 구원받고 저 무서운 지옥에 가지 않을 수 있다. 영의 세계에서는 실제로 보여지고 볼 수 있는 천국과 지옥을 세상 사람들에게는 보여지지 않고 믿어지지 않으므로 많은 사람들이 세상 것만 추구하며 집착하며 살다가 저 무서운 멸망 길로 빠져들어 가게 된다. 그래서 성경은 말씀을 통해서 경고해 주신다.

실제로 지옥의 불꽃 가운데서 당하게 되는 이 목마름의 고통과 괴로움은 당해보지 않은 사람은 모른다. 이 고통은 뜨거운 쇳덩어리를 목구멍에 넣는 것과 같은 고통이다. 이러한 고통은 잠시도 쉼 없이 끝도 없이 세세토록 당하며 살게 된다.

요 3:36　아들을 믿는 자에게는 영생이 있고 아들에게 순종하지 아니하는 자는 영생을 보지 못하고 도리어 하나님의 진노가 그 위에 머물러 있느니라.

이 세상에서 예수님을 믿지 않는 것만큼 큰 죄는 없다. 예수님께서 내가 치러야 할 죄값을 대신 치러 주시고 생명으로 영원히 살도록 십자가에서 몸 찢기시고 피 흘리시면서 생명까지도 다 주셨는데 내 생명의 주인 되시는 예수님을 믿지 않으니 그것보다 더 큰 죄는 없는 것이다.

이 땅에 살았을 적에 화려한 명성과 명예와 학문과 지식을 갖고 풍부한 물질을 누리며 살았던 사람이 지옥의 그 뜨거운 불바다 위에서 4m나 되는 징그럽고 흉측하게 생긴 짐승과 벌레에게 물려 고통과 괴로움을 당하며 신음하고 슬퍼 울고 있었다. 그런 그를 구해줄 수 있는 곳은 어느 곳에도 없다.

약 1:14~15　오직 각 사람이 시험을 받는 것은 자기 욕심에 끌려 미혹됨이니 욕심이 잉태한즉 죄를 낳고 죄가 장성한즉 사망을 낳느니라.

롬 8:6   육신의 생각은 사망이요 영의 생각은 생명과 평안이니라.

이 세상에서 죄만큼 무서운 것은 없다. 죄와 사망, 지옥이 함께 가기 때문이다. 그래서 세례 요한도 사역 시작할 때 첫 외침의 말씀이 회개하라 천국이 가까이 왔느니라(마 3:2)였다.

마 4:17   이때부터 예수께서 비로소 전파하여 이르시되 회개하라 천국이 가까이 왔느니라 하시더라.

예수님께서는 이천 년 전에 이 땅에 천국을 가지고 오셨다.

요 11:25~26   나는 부활이요 생명이니 나를 믿는 자는 죽어도 살겠고 무릇 살아서 나를 믿는 자는 영원히 죽지 아니하리니 이것을 네가 믿느냐.

요 10:9   내가 문이니 누구든지 나로 말미암아 들어가면 구원을 받고 또 들어가며 나오며 꼴을 얻으리라.

요 6:47   진실로 진실로 너희에게 이르노니 믿는 자는 영생을 가졌나니 내가 곧 생명의 떡이니라.

요일 4:9~10   하나님의 사랑이 우리에게 이렇게 나타난 바 되었으니 하나님이 자기의 독생자를 세상에 보내심은 그로 말미암아 우리를 살리려 하심이라. 하나님이 우리를 사랑하사 우리 죄를 속하기 위하여 화목 제물로 그 아들을 보내셨음이니

요일 4:15   누구든지 예수를 하나님의 아들이라 시인하면 하나님이 그의

안에 거하시고 그도 하나님 안에 거하느니라.

한 개인이나 가정이나 국가나 민족이나 하나님을 믿지 않으면 패망하고 멸망받을 수밖에 없다. 하나님을 믿지 않게 되면 우상을 섬기게 되고 죄악에 빠져 살 수밖에 없기 때문이다. 우상을 섬기는 것은 허상이다. 그 속에 아무것도 없는 텅 빈 것을 말한다.

그리고 죄를 짓고 사는 것은 날마다 선악과를 먹는 것이기 때문에 죄로 인해 영이 죽어 있어 하나님과 교통할 수 없다. 하나님의 형상대로 지음을 받은 사람은 당연히 하나님 성령님과 친밀한 관계에 있어야 하며 주님 안에 주님께서 내 안에 함께 연합되어 살아야만 한다. 주님께서 내 안에 내가 주님 안에 있지 않으면 아무런 일도 할 수 없다(요 15:1~8). 아무런 열매를 맺을 수 없다.

그러므로 주님 안에 거하기 위해서 죄에서 떠나야 한다. 갈 2장 20절이 되어야만 한다. 초신자일 적에는 그렇게 많이 회개하지 못했어도 모든 응답을 즉각적으로 받는다. 그러나 오랜 신앙생활을 한 사람일 경우 거룩하지 못하면 주님의 음성 듣기가 어렵고 교통이 잘 되지 않는다. 주님께서 원하시는 것은 오직 거룩함이다. 깨끗한 그릇이다. 나의 그릇이 깨끗하고 거룩하게 되면 천국이 임한다. 주님을 만날 수 있고 주님과 항상 대화를 한다. 그리고 천국 열쇠를 사용할 수 있다.

마 5:8 마음이 청결한 자는 복이 있나니 그들이 하나님을 볼 것임이요.

내가 주님 안에 있고 주님께서 내 안에 계신 것을 신비한 연합이라고 한다. 이런 사람은 이 땅에서도 날마다 초자연적인 기적과 천국의 삶을 살게 된다. 반대로 하나님을 떠나 우상을 섬기며 죄악 가운데 빠져 살게 되면 불행과 파멸과 멸망 길로 가게 되는 것은 불 보듯 뻔한 일이다. 그러므로 사람이 이 땅에서 하나님을 믿지 않는 것만큼 큰 죄가 없고 미련하고 어리석은 사람이 없다.

눅 20:38 하나님은 죽은 자의 하나님이 아니요 살아있는 자의 하나님이시니라. 하나님에게는 모든 사람이 살았느니라.

롬 10:10 사람이 마음으로 믿어 의에 이르고 입으로 시인하여 구원에 이르느니라.

그러므로 마음을 다하고 뜻을 다하고 힘을 다하고 목숨을 다하고 지혜를 다하여서 하나님을 믿고 순종하는 삶을 살게 되면 이 땅에서도 날마다 천국을 누리면서 살게 된다.

세상에도 사람들이 만들어 놓은 법이 있다. 사람들이 이 법대로 살지 않고 어기게 되면 법에 따라 형벌을 받게 되고 감옥에 가서 그 죄 값을 치를 때까지 형량을 살아야 한다.

성경에도 영적인 법이 있다. 성경에서 말씀하시는 법은 두 가지다. 선악과를 따먹느냐 따먹지 말아야 하느냐의 법이다. 내가 하나님 말씀에 순종할 것인가 아니면 불순종할 것인가. 하나님을 믿고 하나님을 따라갈 것인가 아니면 마귀를 믿고 세상을 따라갈 것인가. 하나님을 믿고 순종하면 이 땅에서도 영혼이 잘됨같이 범사가 잘되며 강건하고 복되고 승리하며 형통한 축복을 누리면서 영원히 영생 복락의 삶을 살 것인가 아니면 육신에게 져서 마귀를 따라가며 세상적으로 살 것인가. 이 모든 것은 본인이 선택하고 결정하는 것이다. 그러나 하나님을 떠나 살게 되면 마귀를 만나게 되고 자신을 하나님 자리에 올려놓고 교만하여져서 결국 실패와 패망과 저주의 삶을 살 수밖에 없다.

하나님을 떠나 사는 사람은 마귀의 종이 될 수밖에 없다. 마귀는 사람에게 복을 주지 못한다. 마귀가 하는 짓이란 도적질하고 죽이고 죄짓게 하고 멸망시키는 짓만 한다. 그리고 마귀는 본질상 바보 천치 멍청이다. 그렇기 때문에 죄짓고 도적질하고 죽이고 멸망시키는 그런 못된 짓만 하는 것이다. 그런데 천지 만물을 창조하신 전능하신 하나님의 형상대로 지음을 받은 사람들이 벌레만도 못한 바보 천치 멍청이 마귀에게 속아 모든 것을 다 빼앗기고 생명까지도 빼앗기며 멸망 길로 가게 되는 사람도 있다. 하나님께서 사람에게 선악과를 따먹지 말라고 명령하셨는데도 하나님의 법을 무시하고 따먹음으로 영이 죽어 버렸기 때문에 마귀의 종으로 전락해 버린 것이다.

요일 3:8~9 죄를 짓는 자는 마귀에게 속하나니 마귀는 처음부터 범죄함이라 하나님의 아들이 나타나신 것은 마귀의 일을 멸하려 하심이라 하나님께로부터 난 자마다 죄를 짓지 아니하나니 이는 하나님의 씨가 그의 속에 거함이요 그도 범죄하지 못하는 것은 하나님께로부터 났음이라.

사람이 죄를 지어서는 안 되는 것은 죄는 하나님과 원수이기 때문이다. 죄는 더럽고 수치스럽고 창피하고 부끄럽고 고통과 괴로움만 준다. 그래서 하나님께서 죄를 미워하시는 것이다. 사람이 죄를 짓는 순간 영적인 눈이 멀어 소경이 되어서 하나님이 보이지 않는다. 죄를 짓는 순간 마귀가 바로 들어오고 영의 눈이 멀어 마귀의 종이 되어 마귀가 시키는 대로 따라 하게 된다.

> 요 10:10 도적이 오는 것은 도적질하고 죽이고 멸망시키려는 것뿐이요 내가 온 것은 양으로 생명을 얻게 하고 더 풍성히 얻게 하려는 것이라.

죄는 작든 크든 반드시 탄로가 나게 되어 있다. 많은 학문과 지식을 갖춘 사람이 왜 그렇게 끔찍한 무서운 죄를 짓는가. 얼마 후면 탄로가 나버릴 것을 알지 못해서 그럴까?

그러나 이 사람에게 죄가 들어온 순간 하나님께서 주신 지혜와 총명의 영이 죽어 버렸기 때문에 자신이 무섭고 끔찍한 죄를 짓는지 아무런 감각도 양심도 자책도 느끼지 못한다. 죄는 사람의 영을 죽게 한다. 죄는 영의 눈을 멀게 한다. 죄는 사람의 생각, 이성, 양심, 사리 판단, 감정, 의지 이 모든 것을 상실하게 한다. 죄와 마귀의 본질이 도적질하고 죽이고 멸망시키는 짓만 하게 되어 있다.

하나님 아버지의 사랑은 한 영혼 한 영혼을 온 천하보다 귀하게 여기신다. 한 영혼에게 대단한 관심과 계획과 목적을 갖고 계신다. 하나님 아버지의 뜻은 모든 사람이 회개하고 예수님을 믿고 구원받기를 소원하신다. 그래서 자녀들을 위해서 예비해 놓으신 어마어마한 모든 축복을 받으며 이 땅에서도 하나님을 찬송하며 영혼이 잘됨같이 범사가 잘되고 강건하며 복되고 승리하며 형통한 삶을 살 수 있기를 바라신다.

하나님 아버지께서 모든 인생들을 위하여 예배해 놓으신 모든 축복과 사랑과 은혜는 무한하며 측량치 못한다. 그러나 이 모든 축복과 응답을 받아 누릴 수 있는 사람은 회개하고 예수님을 영접하고 영적으로 눈 떠 있는 사람만이다. 영적으로 눈 떠 있지 않으면 보이지 않고 믿어지지도 않는다. 오직 성경 말씀만이 길이요 진리요 생명이요 부활되시기 때문에 성경 말씀을 읽고 믿으면 영적으로 눈이 떠진다. 성경 말씀 안에는 이 세상이 알지 못하는 지혜와 지식과 명철과 사랑과 은혜와 축복과 기적의 온갖 진리와 생명의 말씀으로 가득 찼다. 성경 말씀을 떠나서는 이 세상 누구도 참된 행복을 얻을 수 없으며 진정한 성공을 할 수 없다. 이 세상에서 최고의 권력과 부와 명예와 지식과 학문을 다 갖고 있는 사람일지라도 그 속에 예수님의 생명이 없다면 마치 진공 상태 속의 아무것도 없는 것과 같다.

세상 사람들이 추구하며 집착하는 학문과 스펙이 없어도 예수님만 나의 마음속에 삶 속에 주인으로 모시고 살게 되면 모든 것을 다 소유하며 풍부한 화평을 누리며 이 땅에서도 천국에서도 영원히 영생 복락의 삶을 살게 된다.

요삼 1:2 사랑하는 자여 네 영혼이 잘됨같이 네가 범사에 잘되고 강건하기를 내가 간구하노라.

롬 8:6 육신의 생각은 사망이요 영의 생각은 생명과 평안이니라.

요일 3:4 죄를 짓는 자마다 불법을 행하나니 죄는 불법이라.

　　많은 학문을 하고 많은 지식을 갖고 있고 모든 것을 다 갖고 있는 사람일지라도 죄를 짓는 순간 영의 눈이 멀어 하나님을 볼 수 없게 되고 마귀의 종이 되어 죄짓고 고통받고 패망의 삶을 살 수밖에 없게 된다. 죄와 사망과 지옥은 함께 간다.

　　사람이 죄를 짓게 되는 순간 살아서 움직이는 뱀을 먹는 것과 같다.

　　사람이 죄를 안고 사는 것은 폭탄을 안고 사는 것과 같다.

　　사람이 죄를 지으며 사는 것은 칼로 베개를 베고 잠을 자는 것과 같다.

　　구원받지 못하는 사람은 깊은 물 속에서 헤엄쳐 나오지 못하는 것과 같다.

　　구원받지 못하는 사람은 높은 벼랑 끝에서 살고 있는 것과 같다.

　　하나님을 믿지 않으면 파멸이고 저주고 멸망이다.

엄마가
천국을 가시다

　　2016년 4월 27일 늘 우리 곁에서 우리를 돌보시며 사랑하며 인자한 모습으로 함께 살아왔던 친정어머니께서 87세를 일기로 세상을 떠나가셨다.

　엄마의 마지막 가시는 모습을 보게 되면서 성도의 죽음은 모든 것을 벗어놓고 천국 사람으로 새롭게 태어난다는 것을 알게 되었다. 엄마가 지금까지 87세를 살아오면서 수고한 무거운 모든 짐을 내려놓고 이제 천국 사람으로 새롭게 태어나기 위해서 천국으로 입성하는 것이었다. 19살 때 불교와 우상만을 섬기는 양반 집으로 시집을 와 위로 두 동서의 험하고 고된 시집살이를 해야 했고 큰아버지가 정치한다고 모든 재산을 다 팔아가는 바람에 오랜 가난을 견뎌야 했다. 그래도 항상 나보다 다른 사람을 먼저 생각했고 항상 이웃에게 인자하고 따뜻하게 대해주었고 항상 남에게 무엇을 나누어 주는 것을 좋아했던 그런 성품을 지닌 나의 어머니였다. 이 땅에서 마지막 떠나시는 엄마의 얼굴은 환하고 밝은 모습이었다. 그 많고 많던 주름살들은 어디로 갔는지 온데간데없었고 마치 시집을 가기 위해 단장을 한 새색시 얼굴처럼 밝고 환했다.

아! 이것이 구원을 받고 천국을 가는 사람의 모습이구나 하는 것을 느꼈다. 나의 마음속에서 한없는 감사가 저절로 나왔다. 이 땅에서 수고하고 무거운 짐을 모두 벗어놓고 영원한 천국을 갈 수 있다는 이 한 가지만으로도 얼마나 감사하고 감사한 일인가! 정말 엄마를 보면서 진정한 성공적인 삶을 살았다는 것을 느꼈다. 이 순간에도 나는 만일 엄마가 구원받지 못하고 저 무서운 지옥에 갔더라면 어쩔 뻔했나 하는 생각이 들었다. 이 세상을 영원히 떠나게 될 때에 구원받고 천국 갈 수 있다는 한 가지만으로도 엄마는 큰 성공을 했다는 생각이 들었다. 이 땅에서 아무리 잘 먹고 잘 입고 호의호식하며 부귀영화를 다 누리며 산다 해도 만약 구원받지 못했다면 그 얼마나 불쌍하고 불행한 인생인가! 이 땅에서도 비록 100년을, 120년을 산다 해도 영원히 살아야 할 저 천국에 비한다면 얼마나 짧고 짧은 인생인가!

참으로 엄마의 마지막 가는 모습을 보면서 죽음은 죽음이 아니라 하늘나라 사람으로 새로 태어난다는 것을 깨닫게 되었다. 그리고 사람이 이 땅에서 살아 있었을 때 무엇을 선택하며 살아야 하는 것이 얼마나 중요하다는 것을 깨달았다. 장례식장에서 입관식을 할 때에 가족들이 와서 고인의 마지막 가는 모습을 보라고 했다. 나는 엄마의 모습을 보고 딴 사람인 줄 알았다. 얼굴이 너무 환하고 젊어 보여서 엄마가 아닌 것 같았다. 그래서 옆에 있는 동생들에게 이분이 우리 엄마 맞아? 우리 엄마가 맞아? 하면서 물어보았고 또 엄마의 손자 손녀들에게도 얘들아 이분이 할머니가 맞니? 맞아? 하면서 계속 물어보기에 바빴다. 엄마의 모습은 이 세상 살 때에 모습이 아니었고 나는 엄마의 마지막 가는 모습에서 한없는 경이로움과 신비로움을 느꼈다. 우리 엄마는 이렇게 우리들의 곁을 영원히 떠나가셨다.

소중한 나의 어머니를 예수님 믿게 하시고 구원시켜 주신 하나님 아버지의 크신 사랑과 은혜에 무한 감사를 드리는 바이다. 우리 인생들을 죄와 사망, 영원한 멸망에서 건져 주시기 위해서 십자가에서 고난당하시고 피 흘려주신 주님의 한량없는 은혜와 사랑을 말로 다 형용 못한다. 어떤 시인의 말처럼 바다를 먹물 삼고 하늘을 두루마리 삼아도 다 쓰지 못하고 측량치 못한다.

이 자리를 빌어서 은혜와 진리교회 조용목 목사님을 비롯해 대교구장님, 장로님들, 전도사님들, 성도님들께 깊은 감사를 드린다. 4월 29일 이른 새벽인데도 그렇게 많은 성도들이 오셔서 예배를 드려주셨고 토요일 발인 예배를 드릴 때에도 대교구장님을 비롯하여 장로님, 전도사님들, 많은 성도님들이 오셔서 예배를 드려주셨다.

엄마는 생전에 수원에 있는 은혜와 진리교회를 20년 넘게 섬기셨고 어쩌다 우리가 가면 너희들도 은혜와 진리교회를 다니라고 하시면서 강요를 하셨다. 우리 엄마 생각에는 엄마가 섬기시는 은혜와 진리교회만이 교회인 줄 아셨던 것 같다.

히 4:11 그러므로 우리가 저 안식에 들어가기를 힘쓸지니 이는 누구든지 순종하지 아니하는 본에 빠지지 않게 하려 함이라

히 4:13 지으신 것이 하나라도 그 앞에 나타나지 않음이 없고 오직 만물이 우리를 상관하시는 자의 눈앞에 만물이 벌거벗은 것같이 드

러나느니라.

히 9:27   한 번 죽는 것은 정하신 것이요 그 후에는 심판이 있으리니

눅 23:43   오늘 네가 나와 함께 낙원에 있으리라 하시니라.

요 14:2   내 아버지 집에 거할 곳이 많도다.

계 7:17   어린 양이 저희의 목자가 되사 눈물을 씻어주실 것임이어라.

　　인생에는 영원한 두 길이 있다. 예수님을 믿어 생명으로 사는 영원한 길이 있다. 또, 우상을 섬기며 마귀를 따라가는 영원한 멸망의 지옥이 있다. 선택은 본인이 한다. 그러나 이 선택은 오직 이 땅에서만 할 수 있는 선택이며 단 한 번밖에 없는 기회이다. 이 기회를 놓친다면 영원히 기회는 돌아오지 않는다. 딱 한 번밖에 없는 기회인 것이다. 잘 선택해야 한다.

전염병

　　　　　　　　　지금 온 세상은 코로나19 바이러스
로 인해 크게 혼란스럽고 온 세상 사람들은 갈 바를 알지 못하고 공포
에 떨고 있다. 길거리나 어느 상점이나 식당을 가보아도 한산하고 조
용하기만 하다. 눈에 띄는 사람들은 모두 마스크 착용을 하고 깊은 침
묵 가운데 행보하는 것 같다. 성경적으로 볼 것 같으면 전염병이나 재
앙은 하나님께서 백성들이 하나님을 떠나고 하나님 앞에서 패역하고
죄악을 행할 때 나타나는 것으로 알려져 있다. 지금 온 세상은 죄악으
로 가득 찼다.

빌 4:18~20　창조주이신 하나님을 잊어버리고 여러 사람이 그리스도의 원
　　　　　　수로 행하느니라. 그들의 마침은 멸망이요 그들의 신은 배요
　　　　　　그 영광은 그들의 부끄러움에 있고 땅의 일을 생각하는 자라
　　　　　　그러나 우리의 시민권은 하늘에 있는지라.

잠 9:10　　물고기가 물을 떠나서는 살 수 없는 것처럼 인간은 창조주이

신 하나님을 떠나서는 살 수 없는 존재다. 여호와를 경외하는 것이 지혜의 근본이요 거룩하신 자를 아는 것이 명철이니라.

잠 16 : 25   어떤 길은 사람이 보기에 바르나 필경은 사망의 길이니라.

지금 온 세상은 코로나바이러스로 인해 떠들썩하지만 예수님을 나의 생명으로, 구주로 영접한 사람들에게는 그런 것들도 다 아무렇지 않게 뛰어넘을 수 있고 담담하다. 내 안에 천지와 만물을 창조하신 하나님이신 예수그리스도께서 계시면 세상에 두려울 게 하나도 없다. 지진이 나고 폭풍우가 몰아치고 전염병이 온 세상을 뒤덮어도 아무 염려가 없게 된다.

그것은 구약 시대에 이스라엘 백성이 출애굽할 때 이스라엘 백성에게는 어떠한 재앙도 전염병도 오지 않았던 것과 같다. 예수님을 내 안에 모시고 사는 사람들에게는 예수님의 생명의 피가 문설주에 발라져 있기 때문에 그 어떠한 질병도 전염병 바이러스도 감히 내 앞에 접근도 할 수 없을 뿐만 아니라 무서워서 오히려 도망쳐 버려야 하는 것이 마땅하다. 나는 단언하건대 만약 코로나19 바이러스에 걸린 사람을 만나서 같이 식사를 한다거나 악수를 한다거나 그 사람이 사용한 밥그릇이라든지 컵을 사용하더라도 나에게는 아무런 문제가 되지 않으며 바이러스 균이 내 몸에 단 1%도 닿지 않을 것이다. 정말 그렇다! 세상 사람들이 두려워하고 무서워하고 공포에 떠는 것, 그런 것은 나에게는 두려워하거나 무서워할 대상이 아니다. 다만 내가 무서워하고 두려워할 대상은 오직 창조주이신 하나님을 경외하는 것과 하나님 앞에서의 나의 모든 행적들뿐이다.

렘 9:23~25   여호와께서 이와 같이 말씀하시되 지혜로운 자는 그의 지혜를 자랑하지 말라. 용사는 그의 용맹을 자랑하지 말라. 부자는 그의 부함을 자랑하지 말라. 자랑하는 자는 이것으로 자랑할지니 곧 명철하여 하나님을 아는 것과 하나님은 사랑과 정의와 공의를 땅에 행하는 자인 줄 깨닫는 것이라 하나님은 이 일을 기뻐하노라 여호와의 말씀이니라.

코로나
전염병에 대해서

지금 전 세계가 코로나 전염병으로 인해서 불안과 공포에 떨고 있는 것은 인간이 태초에 천지 만물을 창조하신 하나님의 법을 어기고 창조 질서를 무너뜨리고, 사탄 마귀에게 속아 죄악 가운데 빠져 살게 되므로 하나님께서는 인간들의 죄악을 더 이상 보고만 계실 수가 없으므로 코로나 전염병이라는 재앙으로 온 세계를 치신 것임을 깨닫고 전 세계는 다시 하나님 앞으로 돌아와서 회개하고 돌이켜야만 한다고 본다. 원인을 알게 되면 해결책이 보인다. 그러므로 모든 인생들은 성경으로 돌아가야만 한다. 성경으로 돌아가는 길만이 전 세계가 살길이다. 태초에 천지 만물을 창조하시고 사람을 하나님의 형상대로 창조하신 하나님은 모든 인생들에게 이 땅에서 건강하고 행복하게 즐겁고 기쁘게 살게 하시기 위해서 그 어느것 하나 부족함 없이 모든 만물을 사람에게 다스리게 하셨고 끝도 한도 없는 무한한 자원을 사람에게 주셨다.

그러나 사람들이 하나님의 창조의 질서와 법은 무너뜨리고 죄악 가운데 빠져 살게 되었음으로 오늘날 코로나 전염병으로 전 세계를 심판하고 계신 것을 알아야만 한다. 오늘날 코로나 전염병이 왜 세계를 강타하는가 하는 문제는 성경을 보면 그 답을 찾을 수 있게 된다.

지금 전 세계는 동성애 결혼이 합법화되면서 하나님의 창조 질서가 무너지고 국가와 사회가 혼란스럽고 어지럽고 가정은 파괴되고 에이즈가 창궐하며 사회질서가 붕괴되며 하나님 앞에서 끔찍한 죄악을 저지르고 있는 것이다.

성경을 볼 것 같으면 소돔과 고모라성이 동성애 성적타락으로 인해 하나님의 불 심판을 받아 멸망당했다.

동성애는 하나님 창조 질서를 무너뜨리고 국가와 사회에 큰 재앙을 가져오며 혼란을 주고 악 영향을 끼친다. 그러므로 동성애는 하루빨리 이 세상에서 없어져야 하며 법적으로 폐지시켜 버려야 한다.

19세기 때만 해도 동성애라는 것은 단어조차 없었고 설령 그런 행위를 하는 사람이 있었다면 너무 부끄럽고 창피해서 말도 꺼내지 못했었다. 그러나 20세기에 들어서면서 전 세계는 하나님의 축복으로 너무 잘 먹고 잘 입고 최상 최고의 부를 누리면서 하나님께 영광을 돌리지 않고 오히려 죄악에 빠져 살며 인간이 해서는 안 되는 동성애라는 악을 행하며 짐승도 하지 않는 못된 짓을 하며 살아가고 있는 것이다.

성경에는 동성애자들은 반드시 지옥을 간다고 쓰여져 있다. 그러나 하나님의 원수인 마귀 사탄은 사람들이 동성애를 해도 지옥 가지 않는다고 속이며 사람들을 파멸시키고 멸망의 길로 끌고 가게 된다. 성경을 알지 못하는 사람들의 어리석음과 미련함이 바로 여기에 있는 것이다.

나는 지금까지 십수 년간 하나님 앞에서 말씀을 읽고 기도해 오면서 실제로 지옥을 60번도 더 보게 되었다. 그중에서 차마 눈뜨고 보기 힘들었던 것은 지옥의 현장에서 동성애자들이 받는 고문과 고통이었다. 그 참상은 말로 하기도 너무 힘들다. 여자 동성애자의 경우 양손 양발이 쇠사슬에 꽁꽁 묶인 채로 마귀들이 날카로운 칼로 여자의 자궁에서부터 가슴까지 찢고 유방을 칼로 도려내고 난도질하며 여자는 제발 살려 달라고 몸부림치며 울고 호소하지만, 마귀들은 들은 척도 하지 않는다. 그러한 고통은 한 번만 당한다면 얼마나 다행일까마는 그 고통은 잠시도 쉬지 않고 계속되어지는 것이었다.

남자 동성애자의 고통은 또 어떠한가. 빨갛게 불에 달구어진 꼬챙이 같은 것으로 남자의 항문에 집어넣고 그 꼬챙이가 입으로 콧구멍으로 나오고 마귀들이 남자의 성기를 자르고 저희들끼리 낄낄거리며 너희가 세상에 있었을 적에 그렇게 재미있었느냐며 조롱하며 끝없는 고문과 고통을 주는 것이었다. 이 세상에서 그런 고통을 당한다면 그 자리에서 즉사할 수밖에 없는데 지옥에서는 어떠한 고통과 고문을 당해도 죽지 않는다. 그렇게 그렇게 죽기를 소원해도 죽을 수 없고 마귀들로부터 끝없는 고문과 고통을 당하며 살아야 하는 곳이 바로 지옥이다.

어느 한 곳 피할 데라도 있으면 얼마나 좋으련만 피할 곳도 숨을 곳도 출구도 없으며 영원토록 죽음이 없는 곳이 지옥이다.

이 땅에서는 저들이 다 죽어서 화장터에서 화장되었거나 매장되었는데 지옥에서는 저들이 저렇게 세상에서 살아 있었을 때와 똑같이 살아서 온갖 고문과 고통을 끝없이 받고 있는 것을 보게 되었다. 그래서 나는 생각해 본다. 이 세상에서 살아 있을 때에 죄를 짓는 것만큼 무서운 것이 없다. 누구나 한번은 이 세상을 떠나는데 영원히 살아야 할 천국과 지옥이 있다. 선택은 본인이 한다. 그러므로 이 세상에서 생명으로 살아있을 때 무엇을 선택하며 어떻게 살아야 하는 것은 너무나도 중요하며 위대한 일이라 할 수 있다.